LUXUS DER LEERE
VOM SCHWIERIGEN RÜCKZUG AUS DER WACHSTUMSWELT

IMPRESSUM

Wolfgang Kil
Luxus der Leere
Vom schwierigen Rückzug aus der Wachstumswelt

Verlag Müller + Busmann KG
Wuppertal 2004
ISBN 3-928766-60-0

Fotografie: Wolfgang Kil
Autorenfoto: Petra Steiner
Gestaltung: logos Kommunikation und Gestaltung, Wuppertal
Druck: Tuschen, Dortmund

© 2004 Verlag Müller + Busmann KG
Alle Rechte, sowohl der fotomechanischen als
auch der auszugsweisen Wiedergabe, vorbehalten.

INHALT

006 Die Werksuhr von Wittenberge

008 Zur Situation
030 Schauplatz Wohnungswirtschaft
042 Ein Zeitalter geht zu Ende

068 EXKURSION I Hoyerswerda
074 EXKURSION II Görlitz und andere Sehenswürdigkeiten
084 EXKURSION III Halle-Neustadt
094 EXKURSION IV Leipzig-Plagwitz

100 Rückbaukultur und „Neues Planen"
128 Was bleibt? Neue Landschaften

> ... ABER EINES TAGES ISSES DANN GESCHEHN
> EINE BÖSE ALTE FEE ERHÖRTE UNSER FLEHN
> GENAU FÜNF MINUTEN VOR HALB ZEHN
> BLIEB DIE ALTE WERKSUHR STEHN
> UND AN EINEM FREMDEN WEIßEN STRAND
> TRÄUMEN WIR VON UNSERM ALTEN EISENLAND
> FRÜHSTÜCK FÜR IMMER
> FRÜHSTÜCK FÜR EINE EWIGKEIT ...
>
> *Gundermann*

In guter Sichtweite zur viel befahrenen Eisenbahnstrecke Hamburg-Berlin steht nahe der Elbbrücke bei Wittenberge ein markanter weißer Turm. Er gehört zum Komplex der ehemaligen SINGER-Nähmaschinenwerke, wurde 1928 errichtet und trägt die mit einem Durchmesser von 7,57 Metern größte Werksuhr des europäischen Kontinents.

Die Wittenberger SINGER-Werke, 1903 als größte europäische Niederlassung des US-amerikanischen Konzerns eröffnet, hießen zu DDR-Zeiten VERITAS und verdienten vor allem mit Industrienähmaschinen auf dem Weltmarkt ihr Geld. Nach der „Wende" 1990 wurden sie, wie alle anderen Industriebetriebe der Stadt auch, geschlossen. Doch wie durch ein Wunder geht die Werksuhr bis heute – diese eine von allen. Wie konnte das geschehen?

Nachdem von der Treuhandanstalt der Produktionsbetrieb stillgelegt worden war, hatte ein kleiner örtlicher Existenzgründer das ganze VERITAS-Areal für ein Handgeld übernommen, um es, notdürftig renoviert und in kleinere Einheiten unterteilt, an seinesgleichen weiterzuvermieten. Dem Mann war am weithin sichtbaren Image seines Gewerbekomplexes dringend gelegen. Weil aber stillstehende Uhrwerke Stillstand signalisieren, nahm er eine Spezialfirma unter Vertrag, die den Uhrenbetrieb überwachte und die Mechanismen wartete.

Nachdem der Existenzgründer bankrott war, fiel der ganze Ramsch an eine große Bank. Auch die ließ, um mögliche Interessenten bei Laune zu halten, die Uhr erst einmal weiter laufen. Nur an die Wartungszyklen einer solchen Apparatur dachte sie nicht. Und so blieb eines Tages *die alte Werksuhr doch auf einmal stehen.*

An den Tag wird sich der Bürgermeister von Wittenberge noch lange erinnern. Im Rathaus klingelten sich die Telefone heiß. Panisch erregte Bürger riefen an und wollten wissen, ob in ihrer Stadt, von deren ökonomisch verzweifelter Situation sie alle wohl einen realistischen Begriff hatten, denn nun endgültig die Lichter ausgingen. Ob „die da oben" sie nun endgültig aufgegeben hätten, ob es jetzt soweit sei, dass man die Koffer packen solle usw. Dem Bürgermeister blieb nichts anderes übrig, als die Bankherren dringend zu überreden, so schnell als möglich das Uhrwerk wieder in Gang zu setzen – um das richtige Zeichen zu setzen. Andere, sinnvolle, substanzielle Argumente, die Leute zum Ausharren in Wittenberge zu ermutigen, standen ihm offenbar nicht mehr zur Verfügung.

1 ZUR SITUATION

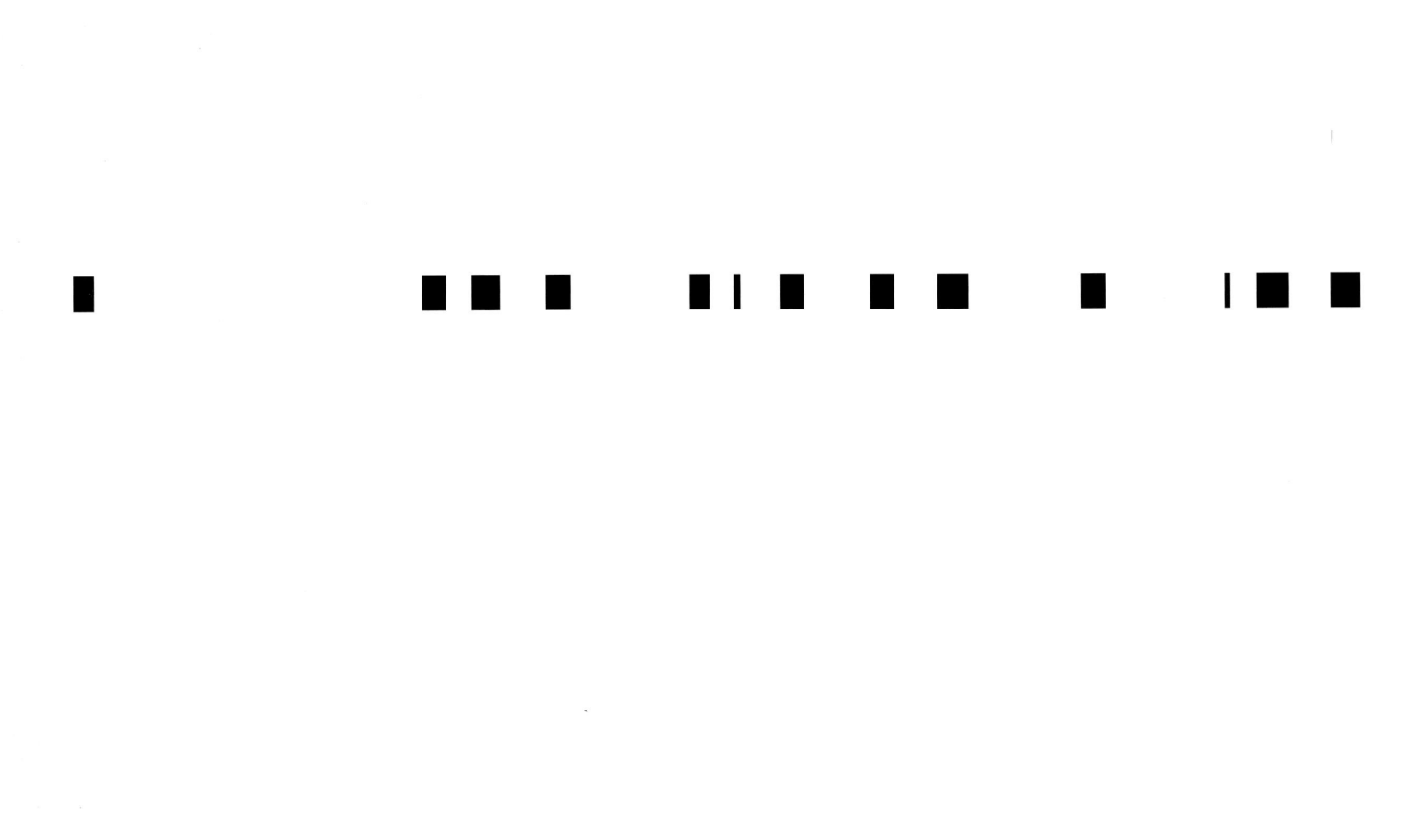

ZUR SITUATION

„Der Anblick des Packhofviertels lässt keinen Stadtplaner und Architekten unberührt: der schiere Horror! Wer das Viertel zur Produktion eines Films aus den Nachkriegsjahren freigab, hat sicher nicht an die verheerende Wirkung des dabei entstandenen Schadens für das Image der Stadt gedacht. Jetzt – wie lange noch? – stehen die Häuser mit offenen Fensterhöhlen leer. Wind und Regen zerstören, was vielleicht noch zu erhalten gewesen wäre. [...] Wie kann man in einer derartig kaputten Situation leben, wie gehen die Einwohner damit um, mit welchem Weltbild wachsen die dort lebenden Kinder auf?"[1]

Fassungslos steht der Architekturprofessor mit seinen Studenten vor einer Szenerie, die tatsächlich nur noch für Ruinenfilme zu taugen scheint: ganze Straßen ohne Bewohner, Häuser mit zugenagelten Eingangstüren, manche mit brandig geschwärzten Fensterlöchern. Der Ort heißt Wittenberge und ist eine Industriestadt im Nordosten Deutschlands am Ende des 20. Jahrhunderts. Noch um 1990 lebten mehr als 33.000 Einwohner hier. Jetzt, nachdem Nähmaschinenwerk, Ölmühle, Zellwollefabrik und Elbhafen geschlossen und „abgewickelt" wurden, sind es nur mehr 24.000. Im Rathaus grübelt man über Trendkurven, die sich auf Werte um 15.000 zu neigen. Schon jetzt stehen von reichlich 13.000 Wohnungen 3.000 leer. Was soll werden aus der Stadt, wenn sie nicht einmal mehr die Hälfte ihrer Menschen hat?

Der Professor mag sich mit der Einsicht trösten, dass Städte immer Phasen des Wachstums, der Stagnation und des Niedergangs kannten. Mal gaben kriegerische, mal wirtschaftliche Ereignisse den Ausschlag, mal versandete ein Hafen oder eine Silberader versiegte. Die Geschichte kennt viele Beispiele. Was ist aus der stolzen Hansemetropole Lübeck, den einstigen Kaiserstädten Goslar oder Quedlinburg geworden, was, weiter zurück, aus Trier oder dem römischen *Colonia*, ganz zu schweigen von Rom selbst, der einstigen Welthauptstadt, die nach dem Zusammenbruch des Imperiums für ein paar Jahrhunderte zur Viehweide verkam! Dass wir von dem jeweiligen „Danach" so wenig wissen, hat mit einer tief sitzenden Abneigung gegenüber Abwärtsbewegungen zu tun. Eine Stadt in Glanz und Gloria zu beschreiben, wirft auch auf den Schreiber einen kleinen Glanz zurück. Armut und Leid des Niedergangs dagegen sind keine aufmunternden Attraktionen, also wird der Mantel nachsichtigen (Ver-)Schweigens darüber gedeckt.

[1] Dieter-J. Mehlhorn: *Gedanken in und über Wittenberge und darüber hinaus.* In: Akademie der Künste (Hrsg.): *Vor-Ort-Seminar Wittenberge 2001, Dokumentation.* Berlin 2003

Doch was kann solche historisch fundierte Gewissheit dem Bürgermeister von Wittenberge oder seinen Planern nutzen, die heute handeln müssen? Nach ihrer Vorstellung hätte aus der Misere der abrissreifen Packhofstraße wenigstens noch ein kleiner Nutzen entspringen sollen: als Filmkulisse. Wer konnte wissen, dass die Requisiteure mit echtem Feuer dem Elend noch zusätzlich nachhelfen würden, so dass nun die Stadt täglich Tausende Bahnpassagiere mit einer Phalanx grässlichster Ruinen erschreckte. Und das riesige Transparent „Historischer Filmpark", das diesen Vorbeieilenden den Gruselanblick erklären sollte, sah dazu erst recht wie ein peinlicher Inszenierungseinfall aus.

Dies alles geschah um das Jahr 2000. Im öffentlichen Sprachgebrauch war „Schrumpfung" noch ein Unwort, und ein durchschnittlicher Bürgermeister einer derart betroffenen Stadt hatte wenig Chancen, in der völlig unvertrauten Angelegenheit irgend etwas richtig zu machen.

GESPENSTERREIGEN

Bald fünf Jahre später ist Wittenberge seine alte Packhofstraße noch immer nicht los. Für die aktuellen Stadtdebatten bleibt sie eine wichtige Adresse. Vielleicht musste es solche gespenstischen Bilder mitten in Deutschland erst einmal geben, um unsere althergebrachten Illusionen zu erschüttern. Die Lage ist so ernst wie lange nicht.

Sich vorzustellen, was hinter diesen Szenerien an Wirklichkeiten steckt, versagt bis heute alle Phantasie: Im Herbst 2003 meldete das Land Brandenburg 165.000 Wohnungen über Bedarf. Die Stadt Ulm verfügt insgesamt über 58.000 Wohnungen, genau so viele, wie allein in Leipzig leer stehen! Den gesamten Leerstand Ostdeutschlands zusammengetragen, entstünde eine Geisterstadt etwa zwei Drittel so groß wie Berlin. Oder anders illustriert: In den heute bereits überzähligen Wohnungen könnten nominell so viele Menschen Unterkunft finden, wie in Rostock, Magdeburg, Halle, Leipzig, Dresden, Chemnitz und Erfurt insgesamt leben. Und da lauert auch die ungeheuerlichste Provokation: Könnten diese Städte dann nicht von der Landkarte verschwinden?

Anderthalb Millionen nicht mehr benötigte Wohnungen zwingen zum Umdenken. Nachdem gegen Ende der 90er Jahre in manchen Quartieren ostdeutscher Innenstädte bald ein Drittel des Wohnungsbestandes keine Mieter mehr fand, hatte im November 2000 eine siebzehnköpfige Regierungskommission unter Vorsitz des vormaligen Leipziger Oberbürgermeisters Hinrich Lehmann-Grube die Leerstandsdaten und die immer rascher wachsenden Schuldenberge der Wohnungsunternehmen analysiert, als sozialpolitische Zeitbombe erkannt und vorgeschlagen, in den Neuen Bundesländern bis zu 400.000 Wohnungen „vom Markt zu nehmen".
Damit war das gespenstische Thema der *Schrumpfenden Städte* endlich vom Tabu befreit. Nachdem es Schritt für Schritt die stadtpolitischen Debatten vorerst in Ostdeutschland erobert hat, zeigen sich inzwischen erste Ansätze auch im Westen.
Im August 2001 beschloss die Bundesregierung das vom Umfang wie Anliegen beispiellose Programm „Stadtumbau Ost". Im Rahmen eines großen Planungswettbewerbs, an dem sich über 200 Städte und Gemeinden beteiligten, sollte jeder betroffene Ort die konkreten Umstände seines Bevölkerungsrückgangs klären, um daraus zu sinnvollen Handlungsszenarien zu kommen. Plötzlich drängte die Zeit. Kaum war die Brisanz der Leerstände den zuständigen Politikern und Verwaltungen richtig bewusst geworden, wurden radikale Entscheidungen getroffen: Erstmals in der Geschichte deutscher Wohnungspolitik wird nun mit Steuergeldern eine massenhafte Vernichtung von Wohnraum betrieben.
In Guben, Eisenhüttenstadt und Schwedt wagten sie den Anfang. In großer Aufmachung gingen die ersten zu Schutt zerschlagenen Plattenbauten durch die Medien. Inzwischen ist der Abbruch eines Sechs- oder Elfgeschossers kein Thema für Redaktionen mehr. Ob in Lauchhammer, Chemnitz, Weißwasser, Halberstadt, Stendal, Leinefelde, Güstrow oder Eggesin – in immer mehr Städten Ostdeutschlands gehören Abrissbagger heute zum Alltag, wie es früher die Baustellenkräne taten. Nur dürre Zahlen der Statistik haben noch Nachrichtenwert: „21 Millionen Euro in Rückbau investiert!" meldete stolz im Dezember 2003 das Bundesbauministerium, denn das bedeutete 12.500 Wohnungen „weg vom Markt". Bedeutet es aber auch tatsächlich eine „Investition"?

URSACHENVERMUTUNG

Große Verwirrung herrscht immer noch bei der Frage nach den Ursachen. Unter Experten ist die Ansicht verbreitet, dass wir es mit einer Überlagerung verschiedener Wandlungsphänomene zu tun haben: Suburbanisierung, technologische Modernisierung und ökonomische Globalisierung. Jedes dieser Phänomene für sich genommen ließe sich in vergleichbarer Form an verschiedenen Orten Europas oder gar der Welt nachweisen; ihr Zusammentreffen und die sich daraus aufschaukelnde Wirkungswucht machten die historisch beispiellose Sondersituation in Ostdeutschland aus. Hier habe mit den Folgen der deutschen Vereinigung die Städteschrumpfung eine Dimension und ein Tempo erreicht, das in keinem der bisher bekannten Fälle jemals zu beobachten war.

Über die Stichhaltigkeit dieser Interpretation, in der ein gewisses Potenzial zur Abwiegelung steckt, soll hier nicht befunden werden. Wichtiger, weil am Ende einzig produktiv wäre es aber, die konkreten Vorgänge, so einmalig sie auch erscheinen mögen, auf jene Tendenzen zu untersuchen, die verallgemeinerbar sind. Denn dass hier einige Entwicklungspfade einer spätkapitalistischen Gesellschaft auf härtestem Globalisierungskurs geradewegs in die Krise steuern, sollte zu Wachsamkeit auch in den (noch) nicht betroffenen Regionen anstiften. Nicht umsonst empfiehlt der Chefvolkswirt der Deutschen Bank, „aus den Erfahrungen Ostdeutschlands und des Mezzogiorno zu lernen",[2] um einer Ausbreitung der dortigen Missstände rechtzeitig vorzubeugen.

Um das Nachdenken über Schrumpfung aus der Falle der vermeintlichen Besonderheit „Ostdeutschland" zu befreien, sollen jene Ursachenvermutungen, die speziell den DDR-Hintergrund der betroffenen Regionen betonen, kurz etwas genauer betrachtet werden.

Erste Vermutungen zu den stetig anwachsenden Leerstandszahlen ließen sich von einem Klischee leiten und lauteten: *Flucht aus der „Platte"*. Doch dass die jetzige Krise kein spezifisches Phänomen ehemaliger DDR-Großsiedlungsgebiete ist, lässt sich an vielen signifikant betroffenen Orten wie Leipzig, Halle, Brandenburg a. d. Havel, Güstrow oder Görlitz zeigen, in denen es vorrangig die Alt- und Innenstädte sind, die

[2] *Norbert Walter: Migration in Europa. In: polis, Jg. 2003, Nr. 3*

Sorgen bereiten. Die Altstadt von Halle etwa übertraf mit stabilen 30 Prozent Leerstand erst einmal deutlich die entsprechenden Werte von Halle-Neustadt, die Güstrower Innenstadt meldete sogar 43 Prozent. In geradezu grotesker Weise wurden die gängigen Vorurteile in Görlitz widerlegt, dessen besonders wertvolle Bestände aus der Renaissance und der Gründerzeit nach aufwändiger Sanierung zeitweise bis zu 48 Prozent leer standen, während die am nördlichen Stadtrand gelegene Plattensiedlung Königshufen zur selben Zeit mit nur sieben Prozent vergleichsweise ideal ausgelastet war.[3]

Redlichkeit gebietet hierzu folgende Anmerkung: Die scheinbare „Beliebtheit" der Plattenbaugebiete erweist sich leider als ziemlich eindimensionale Begeisterung. Es sind die schon lange dort Lebenden, die gerne bleiben wollen. Bereits die Nachwachsenden fühlen sich emotional längst nicht so gebunden; sie flüchten zwar nicht zwangsläufig, aber sind doch leichter mit Alternativen zum Wechsel zu motivieren (und ohnehin stellen Jüngere das Hauptkontingent der „Auswanderer", sobald Arbeit nur anderswo zu haben ist). Von außen kommt so gut wie keiner mehr hinzu – es sei denn, er wird als „Sozialfall" dort eingewiesen. Überalterung macht sich in den meisten dieser Gebiete bereits bemerkbar. Auf längere, aber heute schon berechenbare Sicht wird diese wohl das Ende der Siedlungen aus DDR-Zeit besiegeln: Aller Wahrscheinlichkeit nach werden sie aussterben.

Somit bewegen sich Planungsentscheidungen in einem echtem Dilemma: Obwohl vielfach Altbauten stärker von Leerstand betroffen sind, Montagebauten eine deutlich längere Restnutzungsdauer aufweisen und man mit letzteren – je nach dem, ob saniert oder unsaniert – Leerstände von 40 bis 60 Prozent eine Zeit lang „aushalten" kann, konzentrieren sich Abrissplanungen heute nahezu ausschließlich auf die „Platte". Hier spielen Eigentumsstrukturen und andere „handlungserleichternde" Faktoren eine Rolle, auf die noch näher einzugehen sein wird.

Zweite Ursachenvermutung: *Stadtflucht*. In der Tat schafften sich viele Städter nach dem Ende der restriktiven Standortpolitik der DDR in den ab 1990 rasch zur Zersiedlung freigegebenen Umländern ein Eigenheim an. Doch dieser immer wieder gern zur Erklärung bemühte „Nachholbedarf" war ganz wesentlich auch

3 *An dieser Stelle ist ein genereller Hinweis nötig: Der Umgang mit Zahlen im hier gegebenen Zusammenhang ist extrem schwierig. Das liegt erstens an der unübersichtlichen Quellenlage, zweitens an der von niemandem erwarteten Dynamik der Prozesse, die jeden Planungs- und Publikationszyklus schon wieder überholt, kaum dass die Druckerschwärze trocken ist. Ein solches Manko sollte der vorliegende Text allerdings aushalten, da Zahlen hierin nie direkt auf eine konkrete Situation zielen, sondern immer nur Relationen und Tendenzen verdeutlichen sollen. Was hier verhandelt wird, ist das Ensemble der Verhältnisse.*

von Subventionen stimuliert. Nach Einstellung der exorbitant hohen steuerlichen Sonderabschreibungen Ost (und erst recht nach Drosselung der Eigenheimzulage) knickten die vorübergehend steilen Zuwachskurven im Häuslebau schnell wieder ab. Aktuelle Zahlen geben eine deutlich entspanntere Situation wieder: Nur noch 17 Prozent der Einwohnerverluste etwa des bereits auf Mittelstadt-Format geschrumpften Schwerin lassen sich auf Umlandwanderungen zurückführen; 33 Prozent dagegen werden dem Geburtendefizit zugeschrieben, 50 Prozent der „Fernwanderung" in den Westen.[4] Vom Berliner Umland einmal abgesehen, dürfte der Massenbedarf an peripheren Wohnlagen also weit über alle Nachfrage hinaus gedeckt sein. Die Bewohnerzahlen gehen aber ungehemmt weiter zurück und werden künftig auch in manchem Wohnpark und mancher Eigenheimsiedlung vor den Toren der Städte für Leerstandsprobleme sorgen.[5]

Dritte Vermutung: *Die Deutschen sterben aus*. Die ganze Wahrheit an diesem Alarmruf wäre erst einmal: nicht nur die Deutschen! Spätestens ab 2015 werden sämtliche Bevölkerungen Europas schrumpfen. Mit vier Millionen erreichte die Zahl aller Geburten innerhalb der Europäischen Union im Jahr 2002 den tiefsten Stand seit dem Zweiten Weltkrieg. In der Skala der EU-Geburtenraten belegt Deutschland allerdings mit 8,8 Prozent (Zahl der Geburten pro Tausend Einwohner) den letzten Platz, auch unter den neueren Beitrittsländern weist nur Lettland mit 8,5 Prozent noch geringere Werte auf.[6]

Deshalb geben die einschlägigen Daten natürlich Anlass zu Nachdenklichkeit, wenn nicht gar zur Sorge. Ohne Zuwanderung wird die deutsche Bevölkerung von derzeit etwa 82 Millionen bis zum Jahr 2050 auf etwa 50 bis 60 Millionen abnehmen. Auf diesen Prozess ist jetzt bereits kein nennenswerter Einfluss mehr zu nehmen. Einzige Ungewissheit in dem rasanten demografischen Abwärtstrend stellen die derzeit aus politischen Gründen schwer prognostizierbaren Einwanderungsquoten dar; dass diese jedoch Größenordnungen erreichen, um den allgemeinen Bevölkerungsschwund auch nur annähernd auszugleichen, ist mit Gewissheit auszuschließen.[7] Warum sich speziell die ostdeutschen Städte so katastrophal entleeren, lässt sich also mit dem allgemeinen Bevölkerungsrückgang nur ungenügend begründen. Nicht einmal der historisch beispiellose Geburtenknick in der Ex-DDR nach der Vereinigung spielt dabei eine Rolle. Dieser,

4 *Vgl. Andreas Thiele: Stadtentwicklung in Schwerin. In: Heike Liebmann, Thomas Robischon (Hrsg.): Städtische Kreativität – Potenzial für den Stadtumbau. Erkner 2003*
5 *Vgl. Günter Herfert: Disurbanisierung und Reurbanisierung. Polarisierte Raumentwicklung in der ostdeutschen Schrumpfungslandschaft. In: Raumforschung und Raumordnung, Jg. 2002, Nr. 5/6*
6 *Vgl. Norbert Walter, a.a.O.*
7 *Vgl. Albrecht Göschel: Schrumpfende Städte – Planerische Reaktionen auf den Leerstand. In: PlanerIn, Jg. 2003, Nr. 2*

der eigentliche demografische Entvölkerungsschub, macht sich in seinen potenzierenden Wirkungen erst über ein bis zwei Generationsfolgen bemerkbar. Das heißt, er kommt überhaupt erst noch auf uns zu – weil Kinder, die um 1990 herum nicht geboren wurden, ab 2015 keine Familien gründen können.

Mit dem gesamteuropäischen Bevölkerungsschwund werden nun, eher früher als später, auch die alten Bundesländer konfrontiert. Dann werden selbst jene Landstriche auf Schrumpfungsfolgen reagieren müssen, die bislang als Inseln ökonomischer Prosperität die aus den östlichen Problemregionen Davonlaufenden anlocken und so, auf dem Wege umfangreicher Binnenwanderung, ihr Arbeitskräftedefizit ausgleichen können. Derzeit hilft ihnen der Zustrom an Arbeitsuchenden, ihre eigenen demografischen Rückgänge noch für eine Weile zu verdrängen.

Sichere Anzeichen, dass auch der Westen nicht ungeschoren davonkommt, haben die in dieser Frage besonders sensiblen Banken schon registriert. Im Herbst 2002 erschien im Wirtschaftsmagazin der NordLB eine Bevölkerungsprognose für Niedersachsen, der zufolge vor allem die Landkreise westlich des Harzes – Göttingen, Northeim, Osterode, Goslar, Holzminden, Salzgitter – und weiter nordwärts über Helmstedt und Wolfsburg bis Lüchow-Dannenberg mangels Einwohnern mit drastischen Wertminderungen im Immobiliensektor rechnen müssen.[8] Der Blick des Bundesbauministers reicht natürlich noch weiter als nur ins ehemalige „Zonenrandgebiet": Selb, Albstadt, Völklingen, Pirmasens, Oer-Erkenschwick, Salzgitter, Wilhelmshaven, Lübeck, Bremen und Bremerhaven wurden im Rahmen eines 15-Millionen-Euro-Projekts zu „Pilotstädten für den Stadtumbau West" auserkoren. Die Liste reicht vom hohen Norden bis weit in den Südwesten, vom ausgemusterten Marinehafen über ehemalige Zentren der Stahl-, Schuh- oder Porzellanproduktion bis zur stolzen Landeshauptstadt – alles Orte, die von massiven Arbeitsplatzverlusten betroffen sind.

Vielleicht wird man überhaupt erst an diesen Orten im „unverdächtigen" Westen dem Problem der derzeitigen Städteschrumpfung in seiner ganzen, epochalen Bedeutung auf den Grund kommen. In der Tat hindert die unschwer als „vorübergehend" prognostizierbare Ost-West-Binnenwanderung daran, die ost-

8 Vgl. „Wachsen oder Schrumpfen? Neue Bevölkerungsprognose für Niedersachsen" In: RegioVision, Newsletter der NordLB Regionalwirtschaft, 3/2002

deutsche Krise als allgemeines Transformationsmuster zu erkennen, das uns mehr als nur die Probleme einer Sonderregion signalisiert. Zu den veränderten demografischen Bedingungen gesellen sich nämlich die viel einschneidenderen Faktoren des ökonomischen Wandels. Noch vor dem Wohnungsleerstand stellt die seit über zehn Jahren unverändert gravierende Arbeitslosigkeit den eigentlichen Alarmzustand ostdeutscher Lebensverhältnisse dar.

Wenn beinahe jeder fünfte Erwerbsfähige ohne Arbeit ist und inzwischen bald landesweit jede fünfte Wohnung ohne Mieter bleibt – warum wird da nach Zusammenhängen so selten gefragt? Drängt es sich denn nicht förmlich auf, von den unübersehbaren Veränderungen im Bild der Städte auf einen tief greifenden Wandel der Gesellschaft zu schließen? Warum fällt es so schwer anzuerkennen, dass Bevölkerungsbewegungen solchen Ausmaßes Teil ökonomischer Anpassungsprozesse sind? Und wie lange soll der blinde Trost vorhalten, bei jener Anpassung handele es sich lediglich um eine „nachholende Modernisierung" des Ostens, also um einen Prozess, der früher oder später von allein den sicheren Hafen der Normalität erreicht? Was an jener erwarteten „Normalität" ist eigentlich noch normal?

Es war die beispiellose Heftigkeit, die aufschrecken ließ – Einwohnerverluste bis zu einem Drittel innerhalb von zehn bis zwölf Jahren, Klein- und Großstädte genauso betroffen wie Landgemeinden, ein Abflachen der Abwanderungskurven nirgendwo in Sicht. Doch ein historisches Vorgängerbeispiel für derart radikale Prozesse der Stadtumformung (wenn auch entgegengesetzter Richtung) liegt noch gar nicht allzu lange zurück: Seit Beginn des 19. Jahrhunderts hatte die Industrielle Revolution wahre Völkerwanderungen auf die Suche nach Arbeit kreuz und quer durch Europa geschickt. Zwischen der Erfindung der Eisenbahn und dem Vorabend des Ersten Weltkriegs hatte sich nicht nur die politische Landkarte unseres Kontinents komplett verändert, auch die Alltagsgeografie jener Zeitgenossen war bis zur Unkenntlichkeit umgestülpt worden. Nach einem weiteren Jahrhundert unentwegten Technologiefortschritts haben nun, jedenfalls im altindustriell geprägten „Norden" und „Westen", die auf Industriearbeit zugerichteten Lebenswelten ihre Schuldigkeit getan. Wie rabiat demnach mit neuerlichen Verwandlungen zu rechnen ist, dürfen jetzt ausgerechnet die Ostdeutschen, die sich bereits allen sozialen Großexperimenten glücklich entronnen glaubten, an ihrer alten Heimat erfahren. Der Sprung in eine Marktwirtschaft, die für den weltweiten Wettbewerb gerade ihre sämtlichen national- und sozialstaatlichen Bindungen abstreift, hat den ehemaligen Industriestaat DDR zum Testgelände für eine Zukunft jenseits der herkömmlichen (Industrie-)Arbeit gemacht.

Doch Testen von was, Verwandlung wohin? Wie eine Welt jenseits von industriell geprägten Erwerbsstrukturen und traditionellen Arbeitsbiografien aussehen könnte, darüber gibt es noch wenig konkrete Vorstellungen, allenfalls vage Ideen. Eine Annahme allerdings darf mit Sicherheit getroffen werden: Diese Welt wird sich von unserer jetzigen erheblich unterscheiden. Der Wandel hat längst begonnen.

DER OSTEN ALS TESTGELÄNDE

Wie sehr die Menschen, und mit ihnen die Verhältnisse, schon in Bewegung geraten sind, lässt sich an den Einwohnerstatistiken der bisher am stärksten betroffenen Orte ablesen. Zwischen 1980 und 2002 sank die Einwohnerzahl Schwedts von 55.000 auf 38.000. Auch Weißwasser, ein anderes Wachstumszentrum der DDR-Industrie, hat seit der Wende mehr als ein Viertel seiner Einwohner verloren. Hoyerswerda, einst Zentrum des Lausitzer Braunkohle- und Energiereviers, steuert in steiler Talfahrt auf die Halbierung seiner Bevölkerung zu. In Stendal, wo 1990 der Bau des Kernkraftwerks gestoppt wurde, war demzufolge auch das Neubauviertel Süd plötzlich wieder überflüssig, Resultat heute: Leerstand 50 Prozent. Doch denke keiner, nur die zu DDR-Zeiten errichteten Neustädte würden jetzt unter Abwanderung leiden. Ein geradezu klassisches Beispiel für Aufstieg und Fall einer traditionsreichen Industriestadt bietet Brandenburg a. d. Havel, ein über 150 Jahre expandierender Metallurgie-Standort, der früher regelrechte Einwanderungswellen erlebt hatte. Massive Ansiedlungen der Metallbranche (u.a. Brennabor-Werke) brachten in der zweiten Hälfte des 19. Jahrhunderts nahezu eine Verdreifachung der Einwohnerzahl, von 17.600 auf ca. 50.000. Nächste Schübe folgten nach dem Ersten Weltkrieg (Einführung der Siemens-Martin-Öfen), dann im Ausbau zur NS-Rüstungsschmiede (Lastwagen, Flugzeuge, Panzer), schließlich zum wichtigsten Stahlstandort der DDR mit am Ende 90.00 Einwohnern. Im Zuge des Strukturbruchs der Neunzigerjahre gingen 20.000 Arbeitsplätze wieder verloren, was sich unvermeidlich auch in der Einwohnerzahl niederschlug – sie ging im vergangenen Jahrzehnt um 12.500 zurück.

Was nun aber nachdenklich stimmen sollte: Nicht nur Standorte der klassischen Metallurgie und des Maschinenbaus bangen um ihren Bestand. Von 329.000 Einwohnern, die 1989 in Halle plus Halle-Neustadt lebten, haben innerhalb eines reichlichen Jahrzehnts 90.000 die Doppelstadt verlassen. Trotz Vereinnahmung vieler umliegender Dörfer kämpft Cottbus, einst mit über 130.000 Bewohnern gesegnete Beamten-, Textil- und Hochschulstadt, seit Jahren verbissen um die kritische Marke von 100.000. Unwiderruflich darunter ist inzwischen Schwerin gerutscht: Wurde der frischgebackenen Landeshauptstadt 1990 noch ein Wachstum von 130.000 auf 160.000 prophezeit, musste sie in der Realität auf genau diese Differenz verzichten, also auf rund ein Viertel ihrer damaligen Einwohnerschaft; für 2010 richtet sie sich auf beschauliche 90.000 ein. Selbst das nach wie vor als „florierend" geltende Leipzig hat alle erreichbaren Umlandareale eingemeindet und trotzdem seinen Kampf um die einst stolzen 500.000 schon vor Jahren verloren.

Diese Liste ließ sich noch lange fortsetzen. Mehr als 1,1 Millionen Menschen sind zwischen 1990 und 2000 aus dem Osten weggezogen. Verlässliche demografische Hochrechnungen sagen für die ostdeutschen Länder des Jahres 2050 – als Folge von Auswanderung plus demografischer Schrumpfung – eine Bevölkerungszahl von etwa elf Millionen voraus. In *Worst-Case*-Szenarien ist sogar von 8,6 Millionen die Rede,[9] was grob vereinfacht auf eine Halbierung der Bevölkerung seit 1990 hinausliefe und damit auf ein vollkommen anderes Land, als das uns bisher vertraute.

Wer sich auf die hierbei zu erwartenden Verhältnisse einstimmen will, kann dafür anschauliche Beispiele finden. Schon jetzt laufen einige ländliche Regionen regelrecht leer, geradezu dramatisch in der Uckermark, in Vorpommern, in der Altmark und der Lausitz. In diesen traditionell dünn besiedelten Landstrichen

9 *Gunter Steinmann/Sven Tagge: Determinanten der Bevölkerungsentwicklung in Ost- und Westdeutschland. In: Wirtschaft im Wandel, Jg. 2004 Nr. 4*

war zu DDR-Zeiten mit Industrieansiedlungen und hochtechnisierter Agrarwirtschaft massive Strukturförderung betrieben worden. Nun stellt ein sich selbst überlassener Markt den *Status quo ante* wieder her – die im vorindustriellen Schattendasein dahindämmernde Arme-Leute-Gegend. Für viele der erst unlängst aus dem Boden gestampften Industrie-Wohnstädte wird dies vor allem eines bedeuten: Sie sind schlicht überflüssig geworden.

KALT ERWISCHT

Inzwischen pumpt das Bundesprogramm „Stadtumbau Ost" zweieinhalb Milliarden Euro in einen unbekannten und, was mögliche Auswirkungen betrifft, noch völlig unübersichtlichen Prozess. Auf die unerwartete Dynamik des demografischen Geschehens wurde mit ebenso abruptem Handlungseifer reagiert: „Abriss jetzt!",[10] proklamierten langgediente Politikberater wie Ulrich Pfeiffer von EMPIRICA und trieben damit einen Aktionismus voran, der für Zweifel und alternative Denkansätze nicht mehr erreichbar war. Um gefährdete Wohnungsunternehmen vor dem Zusammenbruch zu bewahren, wurden noch größere Risiken in Kauf genommen, denn der Mehrzahl der infrage kommenden Städte geht der „Umbau" an die Kernsubstanz, manchen regelrecht an die Existenz. Denk- und Planungsfehler, die jetzt unterlaufen, werden später kaum noch zu korrigieren sein.

Vor dem Phänomen solcher Schrumpfung standen auch erfahrene Experten erst einmal vollkommen ratlos. Städte oder gar ganze Regionen zurückzuentwickeln, darauf sind sie bis heute nicht vorbereitet. Weder dem Wittenberger Packhofviertel oder der Görlitzer Südstadt, noch viel weniger Neubaustädten wie Wolfen-Nord, Hoyerswerda oder Schwedt ist mit dem klassischen Instrumentarium altbundesdeutscher Städtebauförderung wirksam zu helfen. Es fehlen Erfahrungen, Leitbilder und – trotz der oft beklagten Überfülle an administrativen Vorschriften – spezifisch „rückbautaugliche" Regelungen im Planungsrecht. Was im Grunde aber noch viel dringlicher fehlt, ist bei sehr vielen Akteuren die Einsicht und Bereitschaft zu radikalem Umdenken. Wer da weiterhin meint, es läge alles nur an mangelnder Schönheit oder am Stan-

10 *Ulrich Pfeiffer: Der Leerstandsschock. In: Stadtbauwelt, Jg. 2001, Nr. 24*

dard der vorhandenen Gebäude und Nachbarschaften, und wer deshalb allein auf Sanierung und Wohnumfeldverbesserung setzt, hat die Berichte über den Exodus gerade der jungen und gut qualifizierten Haushalte sowie deren Beweggründe wohl noch nicht gelesen. Auch die als Heilmittel gern empfohlenen Aufwertungsstrategien, etwa durch den Ersatz von „Platte" durch Stadtvillen oder wenigstens Reihenhäusle, zielen überwiegend ins Leere. Östlich der Elbe fehlen die im alten Westen noch vorhandenen Nachfrager: keine rettenden Besserverdiener, nirgends. Bis auf weiteres schränkt die allgemein dürftige Vermögenslage ostdeutscher Haushalte deren Spielraum beim Immobilienerwerb, und erst recht im städtischen Umfeld, erheblich ein.[11] Durch den weiteren Rückgang von Familien mit Kindern wird die wichtigste Zielgruppe für ein Leben im Eigenheim noch zusätzlich ausgedünnt.

Angesichts solcher Rahmenbedingungen zeigte sich Pfeiffers Ermunterung, beim Abriss leer stehender Wohnungen nicht zimperlich zu sein, weil freigelegtes Bauland „werthaltiger" sei als eine von unnützer Substanz blockierte Immobilie, gegenüber dem Wesen der Sache blind. Dieses Wesen nämlich folgt einem Grundsatz der Ökonomie: Wo die Menschen davonlaufen, verlieren selbst Grund und Boden alle Heiligkeit.

Die schrumpfenden Städte Ostdeutschlands wurden für viele Berufsgruppen zu einer harten Schule. In Crashkursen – oftmals *learning by doing* – haben Städtebauer, Verkehrsplaner, Stadttechniker lernen müssen, wie direkt es von ihrer Umsicht abhängt, dass stabilisierenden Strukturen nicht aus Kurzsichtigkeit oder Partikularinteressen der Garaus gemacht wird, und dass die „Technologien" eines qualifizierten Rückzugs für beinahe jeden Ort neu zu entwickeln sind. Ihnen zur Seite haben Soziologen die sozialen Dynamiken im Verlauf von Rückbauprozessen erst einmal analysiert; jetzt, nachdem vielerorts die Weichen schon gestellt sind, wagen sie erste Verallgemeinerungen.

Mit besonders bösen Überraschungen wird allerdings eine Profession konfrontiert, die sonst meist eher hinter den Kulissen bleibt: die Verwalter der öffentlichen Kassen. Die müssen angesichts von Schrumpfungsszenarien Probleme bewältigen, deren Lösung oder wenigstens Linderung eigentlich Aufgabe sach-

11 *„Auch mit hohem Förderaufwand dürfte es kaum gelingen, mehr als 40-50.000 Haushalte für den Erwerb von Eigentum im vorhandenen Wohnungsbestand zu bewegen. Verglichen mit den 1,3 Mio. Wohnungen, die zur Zeit leer stehen, ist das ‚ein Tropfen auf den heißen Stein'."* Matthias Bernt/Sigrun Kabisch: Risiken und Nebenwirkungen des „Stadtumbaus Ost". UFZ Leipzig, November 2002

gerechter Gesetze wäre. Einerseits drohen den betroffenen Kommunen empfindliche Bedeutungsverluste in der Verwaltungshierarchie: Wenn irgendwann alle Dörfer des Umlandes eingemeindet sind,[12] aber trotzdem die Bevölkerungskurve unter die magische Grenzlinie rutscht, dann werden aus Großstädten plötzlich Mittelzentren, mit entsprechend geringeren Zuwendungen. Oder eine vormals stolze kreisfreie Stadt fällt unter das hämische Kuratel des nächstgelegenen, schon immer rivalisierenden Kreisverwaltungskaffs. Andererseits droht eine lineare Armutsspirale: Da Kommunalfinanzierung hierzulande weitgehend an die „Kopfzahl" der jeweiligen Bewohnerschaft geknüpft ist, tun sich für schrumpfende Gemeinden wahre Abgründe auf: Sinkende Steuer- und Ausgleichseinnahmen reißen immer katastrophalere Löcher in die öffentlichen Budgets. Die Planer Hoyerswerdas haben einmal aufgerechnet, dass der Stadt mit jedem Abwanderer pro Jahr etwa 750 Euro direkte Finanzzuweisungen sowie indirekt weitere 1.000 Euro Anteil am Kreditrahmen verloren gehen. Da seit geraumer Zeit alljährlich 1.500 bis 2.000 Einwohner die Stadt verlassen, macht allein der Exodus die Stadtkasse Jahr für Jahr um zweieinhalb bis dreieinhalb Millionen Euro ärmer.[13]

Dagegen steigen die Aufwendungen für untergenutzte Ver- und Entsorgungssysteme (Wasser, Abwasser, Fernwärme, Müll, Straßenreinigung, Feuerwehr, Rettungsdienste usw.), und das bei sinkenden Gebühreneinnahmen. Gerade hochmodernen Anlagen der Stadttechnik, oft der ganze Stolz einer Kommune aus investitionsfreudigeren Tagen, wird mit rückläufiger Auslastung die Wirtschaftlichkeit entzogen. Trotzdem müssen sie weiter betrieben werden – wegen des weiterhin, wenn auch eingeschränkt, vorhandenen Versorgungsbedarfs, aber auch aus technischen Gründen, die eine schrittweise Leistungsreduzierung häufig ausschließen. Das Resultat sind dann horrend steigende Kosten der Versorger, die über eine Abwälzung auf die Verbraucher irgendwann nicht mehr auszugleichen sind, mithin die kommunalen Haushalte belasten. Ebenso gegen den Trend sinkender Nachfrage muss der öffentliche Nahverkehr so lange als möglich aufrecht erhalten werden. Da jedes „normale" Einsparverhalten der Betreiber durch Taktverlängerungen und Linienreduzierung die Lebensqualität in ohnehin immer spärlicher versorgten Gebieten zu-

12 *Im Land Brandenburg wurden 2003 im Zuge einer Gebietsreform 1.475 Kommunen zu 422 Großgemeinden zusammengelegt. Spitzenreiter dieses Statistik-Wettlaufs ist die Kleinstadt Wittstock a.d.Dosse, die, um 6.000 Bewohner hinzuzugewinnen, 18 Dörfer „schluckte" und damit flächenmäßig die drittgrößte Stadt Deutschlands wurde: 422 km² für 18.000 Menschen, was eine Durchschnittsdichte von 42 Einwohner/km² bedeutet.*
13 *Andere Quellen errechnen sogar jährliche Einnahmeverluste von 3.000 € pro Fortzügler. Vgl. Heinrich Mäding: Demographischer Wandel. In: Stadtforschung und Statistik, Jg. 2003, Nr. 1*

sätzlich senkt, wäre ausgleichende Subventionierung ein Gebot sozialer Verantwortlichkeit – allerdings mit welchem Geld?

Gänzlich verfahren droht das Problem zu werden, wenn eine Stadtverwaltung dem neuesten Leasing-Trend nachgibt und kommunale Versorgungsanlagen und Leitungsnetze an private Betreiber verkauft. Nicht nur in Ost-, auch schon in Westdeutschland haben solche Kommerzialisierungen kommunaler Dienste bereits dazu geführt, dass stadttechnische Anlagen auch nach der Privatisierung weiter aus öffentlichen Kassen subventioniert werden mussten, weil die beim Verkauf zugesagten Einnahmen „schrumpfungsbedingt" nicht mehr zu erlösen waren.

Als weiterer Kostenfaktor schlägt die Bildung zu Buche: Wenn ein ohnehin dünn besiedeltes Flächenland wie Mecklenburg-Vorpommern bis Mitte der 90er Jahre fast 14 Prozent seiner Einwohner verlor und dort deshalb wegen Unterschreitung der Klassenstärken insgesamt über 300 Schulen geschlossen wurden (was der Landeskasse als spürbare Einsparung von Lehrergehältern gar nicht unwillkommen war), steigen die Kosten für den Transport der verbleibenden Kinder zu immer entfernter gelegenen Zentralschulen rapide – von der damit verbundenen Zumutung für die „Fahrschüler" und der allgemein sinkenden Lebensqualität einmal gar nicht zu reden. Ende 2003 hatte eine Elterninitiative im Land Brandenburg versucht, Familien der dünner besiedelten Landkreise von den Wegekosten ihrer schulpflichtigen Kinder zu entlasten – vergeblich, der Petitionsausschuss des Landtags ließ sich auch durch den Vorwurf nicht erweichen, hier würde „quasi Schulgeld als Strafe für den Wohnsitz fern der Ballungsgebiete" erhoben.[14]

Am weitesten öffnet sich die Schere schließlich im Bereich der Soziokultur: Während reines Aufwand-Nutzen-Denken gebietet, an schrumpfenden Standorten schlecht ausgelastete Theater, Kinos, Orchester, Bibliotheken, Schwimmbäder, Jugendclubs, Freizeittreffs zu schließen und in Relation zur sinkenden Zahl möglicher Adressaten die Förderung von Sozialprojekten einzuschränken, wird die integrierende und kulturell ausgleichende Funktion jener Institutionen umso dringender gebraucht, je weiter sich die sozialen Netze ausdünnen.

14 Doris Steinkraus: Protestierende Eltern finden im Landtag keine Hilfe. In: Märkische Oderzeitung vom 5. Januar 2004

Sehr rasch wird also jeder Kämmerer auf den Umstand gestoßen, dass nach den derzeit geltenden Finanzierungsregeln und bei rein betriebswirtschaftlicher Abwägung allein wachsende Städte überhaupt eine Aussicht auf „sozial faire" Kostenbeschränkung bieten. In schrumpfenden Städten ist dagegen mit steigenden Pro-Kopf-Ausgaben bei gleichzeitig sinkenden Einnahmen zu rechnen, weshalb Infrastruktur-Experten vor einer (häufig längst eingetretenen) „Unwirtschaftlichkeit der Städte" warnen. Gerade Kleinstädte und ländliche Gemeinden stoßen beim Abbau ihrer Angebots- und Versorgungsstrukturen schnell an Grenzen, jenseits derer ihre Funktionsfähigkeit infrage steht. Da aber erfahrungsgemäß kommunale Verarmung stets schon vor dem Einwohnerverlust einsetzt, es also keine „Schrumpfstadt" mit noch nennenswertem finanziellen Spielraum gibt, stehen die unmittelbaren Akteure bei der Bewältigung ihrer existenziellen Probleme vor Ort ohne verlässlichen Beistand von Bund und Ländern auf verlorenem Posten. Soweit die (unvollständige) Liste einiger stadt- und finanztechnischer Probleme, die als direkte Schrumpfungsfolgen mindestens ebenso dringlich der Bewältigung harren, wie die Überlebenskrise zahlreicher Wohnungsunternehmen. Und nicht einmal die ist im Rahmen der Aktion *Stadtumbau Ost* wirklich abgewendet. Schon heute ist absehbar, dass die für Abrisse vorgesehenen Gelder – 60 Euro pro beseitigtem Quadratmeter Wohnfläche – bestenfalls für so viele Leerstandswohnungen reichen werden, wie seit Beginn des Förderprogramms noch *hinzukommen* werden. Nach Auslaufen des bislang geplanten Programms wird der überzählige Bestand also weiterhin bei mindestens einer Million Wohnungen liegen. „Die Probleme wachsen schneller, als die Lösungen wirken", stellte der Bundesverband der Wohnungswirtschaft (GdW) auf seinem „3. Leerstandskongress" im März 2003 in Halle fest. Bei einem durchschnittlichen Leerstand von 15,8 Prozent in allen seinen Mitgliedsunternehmen-Ost (Stand Ende 2002) kam Verbandspräsident Lutz Freitag nicht mehr umhin, ein „Marktversagen" zu konstatieren, das nur durch regulierende Eingriffe von außen, also durch staatliche Kredite, Entschuldungsprogramme und gezielte Steuererlasse, wieder einzurenken sei.

Immerhin hat sich sofort eine perfekte Abrissindustrie etabliert, mit Konkurrenz bei den Ausschreibungen und regelrechten Dumpingpreisen: Bei einschlägigen Spezialbaufirmen kann man jetzt 1A-Abrisse bestellen, mit spurenloser Schuttbeseitigung einschließlich erster Rasenansaat auf der verbleibenden Fläche. Genauso akribisch, wie früher riesige Baustellenschilder alle Beteiligten einer Baumaßnahme auflisteten, sorgen heute riesige Rückbaustellenschilder für das Renommee der Abrissfirmen. Rein technisch war das Problem also schnell in überschaubare Bahnen gelenkt. Wenn die Neuen Länder in einer Tätigkeit geradezu exportreife Routine entwickeln durften, dann war das Abreißen. Doch genau so sehen sie nun auch aus.

„BIS MAN BEGRIFF, WAS EIGENTLICH VORGING,
WAR ES UM ALLES GESCHEHN;
EIN SAGENHAFTES EREIGNIS,
DESSEN SCHNELLE BEWEIS DER UNAUSWEICHLICHKEIT WAR.
WELCHE ERNIEDRIGUNG, WELCHE ERHEBUNG.
EIN FREIES FELD VON BITTERFELD BIS BÖHLEN.
WENN EINEM NUR DAS NACKTE LEBEN BLIEB." [15]

15 *Volker Braun: Nach Lage der Dinge.*
In ders.: Trotzdestonichts oder der Wendehals.
Frankfurt a.M. 2000, S. 134

2 SCHAUPLATZ WOHNUNGSWIRTSCHAFT

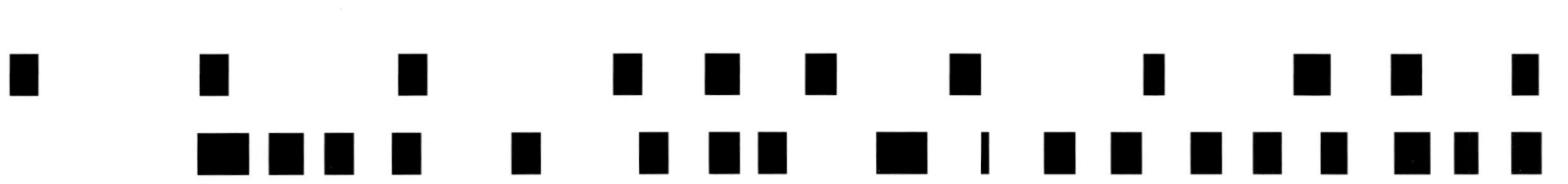

SCHAUPLATZ WOHNUNGSWIRTSCHAFT

Diskussionen über ein Ende des Städtewachstums reichen weiter zurück, als man denkt. Und doch hatte es selten ein Thema so schwer, von der Öffentlichkeit überhaupt angenommen zu werden. Bereits im Frühjahr 1985 hatte DIE ZEIT ein ganzes Dossier über „Die Chancen des Schrumpfens" veröffentlicht,[16] nach eigener Aussage ernteten die beiden Autoren innerhalb ihrer Soziologenzunft allerdings „steinernes Schweigen". Weil allein schon der Begriff *Schrumpfen* unangenehme Empfindungen weckt – als Vokabel für den Niedergang schlechthin – wollte niemand von dem „negativen Thema" etwas wissen. Erst elf Jahre später, im Februar 1996, fragte die *Berliner Zeitung* zaghaft, ob in Mecklenburg-Vorpommern und Brandenburg sich demnächst wieder Wolf und Bär verbreiten könnten; gingen doch dort die Einwohnerzahlen in einem solchen Ausmaß zurück, dass man Abhilfe nur noch von einer gezielten Ansiedlung von Zuwanderern erhoffe.[17] Der kleine Bericht verhallte ohne jede Resonanz. Und noch 1998 wurde Mitarbeitern eines regionalwissenschaftlichen Instituts am Rande Berlins „Alarmismus" und „Verrat am Verfassungsauftrag gleicher Lebensverhältnisse" vorgeworfen, weil sie vorgeschlagen hatten, das Phänomen schrumpfender Bevölkerungszahlen auf die Agenda ihres Forschungsbereiches zu setzen.

Es mussten erst die von Altschulden und Sanierungskosten ohnehin geplagten Wohnungsunternehmen im Verein mit den um ihre Kredite bangenden Banken Alarm schlagen, damit die Bundesregierung im Februar 2000 ihre bereits erwähnte Kommission „Wohnungswirtschaftlicher Strukturwandel in den neuen Bundesländern" berief. Und die Kommission hat brav geleistet, was ihr schon im Titel aufgetragen war: Sie hat sich um die Sorgen der Wohnungswirtschaft gekümmert.

Ohne Frage, als Rettungsakt angesichts bevorstehender Notsituationen war dies dringend erforderlich. Aber leider blieb es bis auf weiteres bei den Sorgen dieser einen Interessengruppe, obwohl sich bereits damals abzuzeichnen begann, dass der Entleerung der Städte nicht nur bau- und wohnungspolitisch begegnet werden darf. „Vielmehr muss die raumordnungspolitische, vor allem aber die *wirtschaftspolitische* Dimension zwingend einbezogen werden", weshalb nicht nur der Berliner Stadtplaner Wulf Eichstädt von der Sachverständigenkommission erwartet hätte, „dass sie diese Zusammenhänge anspricht und zuord-

[16] *Hartmut Häußermann/Walter Siebel: Die Chancen des Schrumpfens. In: Die Zeit, Nr.13, 22. März 1985*
[17] *Siedler sollen Entvölkerung stoppen. In: Berliner Zeitung vom 1. Februar 1996*

net und sich für einen integrierten Ansatz stark macht".[18] Stattdessen entstand für eine breite Öffentlichkeit der Eindruck, dass mit einem „bereinigten" Wohnungsmarkt die Probleme der vom Exodus ihrer Bewohner geplagten Städte schon bewältigt wären.

DIE LEERSTANDSPANIK

Dass sich das Thema nicht auf ihre internen Rentabilitätsprobleme reduzieren lässt, wissen die Wohnungsunternehmen selbst am allerbesten, sind es doch ihre Mitarbeiter, die das ganze Spektrum der Folgeprobleme in unmittelbarer Konfrontation mit den letztlich Betroffenen irgendwie managen müssen. Weil aber Wohnungswirtschaftlern – im Unterschied zu Stadtplanern, Architekten oder Politikern – der Ernst der Lage schon sehr lange bewusst ist (was sich in den praxisorientierten Schriftenreihen des GdW nachlesen lässt), brauchen die daraus abgeleiteten, vorwiegend bilanz-, kredit- und steuertechnischen Strategien der Branche an dieser Stelle nicht breit erläutert oder kommentiert werden. Nur ein paar skizzenhafte Anmerkungen sollen den Problemhorizont über die betriebswirtschaftlichen Zwänge der Wohnungsunternehmen hinaus erhellen.

Der Wohnungsüberhang in den Neuen Ländern entspricht keinem der typischen Stadien im so genannten „Schweinezyklus" aus Verknappung und Überproduktion, wie er eine marktgesteuerte Wohnungswirtschaft seit jeher begleitet, sondern er hat sich zur konstanten Größe mit brisanter Eigendynamik verfestigt. Der Teufel steckt in einer simplen Rechnung: Da man vier vermietete Wohnungen braucht, um die Ausfälle einer leeren fünften zu kompensieren, liegt bei etwa 15 Prozent Leerstand der ökonomische Umschlagspunkt; jenseits dieser Grenze bringt Vermietung nur noch Kosten, keine Überschüsse mehr. Ab 20 Prozent wird der Konkurs nur noch zu einer Frage der Zeit (bzw. der Geduld der Banken). Nun sind, anders als im übrigen Wirtschaftsgeschehen, Konkurse im Wohnungsgeschäft keine Therapie zur Gesundung, denn wenn auch die „gescheiterten" Unternehmen von der Bildfläche verschwinden, so bleiben doch die eigentlichen Ursachen des Fiaskos – die überzähligen Wohnungen – weiterhin stehen. Die gehen nach dem

18 Wulf Eichstädt: Planung mit erhöhtem Risiko. In: Stadtbauwelt, Jg. 2001, Nr. 24 (Hervorhebung W. K.)

Konkursverfahren entschuldet und daher höchstwahrscheinlich zu Dumpingpreisen an einen Neuerwerber, der seine Bestände im Wesentlichen als reine „Geldmaschine" betrachtet und deshalb kaum Anlass sehen wird, sich kooperativ an der Lösung lokaler Probleme zu beteiligen. Vor allem aber kann er mit den jetzt möglichen Niedrigmieten die übrigen Eigentümer seines näheren oder weiteren Umfeldes unter Druck setzen und somit eine Abwärtsspirale der gesamten Wohnungswirtschaft einer Region in Gang setzen.

Die Brisanz dieser Mechanik treibt Wohnungswirtschaftler wie Politiker gleichermaßen zur Panik. Wenn sich an den politischen Rahmenbedingungen nichts ändere, so warnte schon im Jahr 2000 die Sächsische Aufbaubank, sei mittelfristig mit einem „Verschwinden" der meisten ostdeutschen Wohnungsgesellschaften zu rechnen (von 1.300 Unternehmen stünden mindestens 350 akut vor den Abgrund, vermeldete DER SPIEGEL den Stand Anfang 2004). Einmal ins Rutschen gekommen, könnte jene Abwärtsspirale zur Zerstörung des ostdeutschen Wohnungsmarktes insgesamt führen – mit unabsehbaren Folgen für die betroffenen Regionen, für die kommunale Politik, die Banken, nicht zuletzt natürlich auch für die Bewohner. Ungesteuerte Schrumpfung, d.h. dass „möglicherweise der Markt und die Konkursrichter die alleinige Regie übernehmen" (Eichstädt), birgt die Gefahr einer chaotischen Erosion bestehender Strukturen in sich, also Entwicklungen, die selbst abgebrühte Deregulierungsfreunde das Fürchten lehren dürften.

IST SOLIDARITÄT NOCH MACHBAR?

Als im Januar 2001 in Leipzig-Süd die Genossenschaft Lößnig e.G. unter 33,6 Prozent Leerstand zusammenbrach, hatten sich in einem großen Kraftakt mehrere Nachbargesellschaften zu einer Auffanglösung zusammengetan, um eine Übernahme der Konkursmasse zu Spekulationszwecken zu verhindern. Wohl weil es das erste Mal war, konnte eine solche solidarische Rettungsaktion noch zustande kommen. Aus der Sicht des Stadtplaners wird es allerdings in der weiteren Eskalation der Probleme „nicht ganz leicht sein, unter sich täglich zuspitzenden Konkurrenzbedingungen ein koordiniertes Verhalten im Kampf um die Mieter zu verabreden, bei dem keine Seite versucht, Vorteile zulasten eines anderen Unternehmens herauszuholen".[19] Hier spricht ein Realist, der die ökonomischen Zwänge der Praxis nur zu genau kennt, jene Nöte, die manchmal erfinderisch, oft aber eben auch hart und rücksichtslos machen.

Solange die Wohnungswirtschaft als *Growth machine*, also als Wachstumsvehikel funktionierte, lief die Konkurrenz der verschiedenen Eigentümer in „zivilisierten" Bahnen. Jetzt aber sind in dem Wirtschaftssegment kaum noch Gewinne, lediglich Verluste zu verteilen, weshalb auch für den Politologen Mathias Bernt sich eine Einigung der Akteure auf dem Wohnungsmarkt mehr und mehr als Kernproblem des Stadtumbaus erweist. Nach seiner Wahrnehmung führen die Umstände zwangsläufig in ein klassisches Dilemma: „Wenn einerseits alle Marktteilnehmer von der Marktbereinigung profitieren, andererseits aber nur die die Kosten dieser Maßnahme tragen, die Rückbau selbst durchführen, kommt der ‚Trittbrettfahrer' am günstigsten weg. Denn er kann am allgemeinen Nutzen teilhaben, ohne eigene Kosten und Risiken tragen zu müssen. Allerdings führt diese Kalkulation – da sie für alle Akteure gleichermaßen gilt – zu einer allgemeinen Handlungsblockade, die sich auch mit einer Analogie zum Gesellschaftsspiel ‚Mikado' beschreiben lässt: ‚Wer sich als erster bewegt, hat verloren."[20] Diese Handlungsblockade wird ohne Bereitschaft zu einvernehmlichem Handeln, ohne solidarisches Branchenbewusstsein oder wenigstens „eine gewisse Wagenburgmentalität aller gleichermaßen Betroffenen"[21] nicht aufzulösen sein. Der illusionslose Praktiker Eichstädt wird an dieser Stelle allerdings sarkastisch: „Ein solches Stück Planwirtschaft ist in der Marktwirtschaft nicht vorgesehen."[22]

[19] *Wulf Eichstädt, a.a.O.*
[20] *Bernt/Kabisch, a.a.O.*
[21] *Engelbert Lütke-Daldrup, Leipziger Stadtbaurat, im Gespräch mit dem Autor*
[22] *Wulf Eichstädt, a.a.O., S. 37*

Es sollte wenigstens Erwähnung finden, dass eine dermaßen rigide Marktlogik das Planungsgeschehen im „alten" Westen durchaus nicht immer bestimmt hat. Noch in den Flächensanierungen der 70er- oder der behutsamen Stadterneuerung der 80er Jahre wurde energisch eine Umschichtung der Besitzverhältnisse hin zu (natürlich gemeinnützigen) Sanierungsträgern betrieben. Die waren extra gegründet worden, um den Konsens der städtebaulichen Erneuerungsziele praktisch durchsetzbar zu machen.

Im Rückgriff auf diese „historischen" Erfahrungen wurde jetzt in Chemnitz eine Stadtumbau-Gesellschaft gegründet, die für die beteiligten Wohnungsunternehmen die Durchführung der geplanten Abrisse managen und die Vergabe öffentlicher Fördermittel koordinieren soll. Das Experiment kränkelt aber an der Verweigerungshaltung einzelner Unternehmen, denen das Hemd der eigenen Bilanzschonung näher ist als der Rock gesamtstädtischer Planvorstellungen. Kaum glücklicher verlief in Halle der Versuch, im Rahmen einer „Wohnungswirtschaftlichen Plattform" die diversen Eigentümer der Neubaugebiete Silberhöhe und Neustadt an einen Tisch zu bekommen, um dort einen Konsens für die Rückbauprozesse zu suchen: Erst fühlten sich manche Vermieter nicht angesprochen, als sie jedoch die Nachteile ihres Eigensinns zu spüren begannen, schwärzten sie die Stadt beim Bundeskartellamt an – wegen „wettbewerbswidriger Absprachen". [23]

Und wer nun schließlich, wie zunehmend üblich, als „vorbeugende" Alternative für den anders nicht zu bewerkstelligenden Lastenausgleich die Fusion existenzgefährdeter Wohnungsunternehmen vorschlägt, verdrängt offenbar völlig, dass eine solche Opferbereitschaft dem Sinn unternehmerischen Handelns schlicht entgegensteht. Das „sozialdemokratische Jahrhundert" eines dem Gemeinwohl verpflichteten Wohnungs- und Städtebaus ist mit einer Gründlichkeit vorbei, dass man es kaum fassen mag. „Die privatkapitalistische Organisation des deutschen Wohnungswesens bedingt ja gerade ein Konkurrenzverhältnis der Wohnungsanbieter untereinander und verlangt von den handelnden Akteuren, ihr Handeln am Wohl ihres Einzelunternehmens – und nicht an ‚städtebaulichen Zielen', ‚öffentlichem Interesse' oder ‚Gemeinwohl' – zu orientieren. Der Forderung nach einem ‚Konsens', einerseits der Wohnungsanbieter untereinander und mit der öffentlichen Hand andererseits, mangelt es daher an einer materiellen Basis." [24] Nach dieser Analyse

23 *Zu Halle-Neustadt siehe ausführlicher die Exkursion III auf S. 84 dieses Buches*
24 *Bernt/Kabisch, a.a.O.*

den Direktor einer städtischen Wohnungsgesellschaft immer noch für den naturgegebenen Verbündeten kommunaler (Planungs-)Interessen zu halten, zeugt von blanker Nostalgie.

Natürlich bleibt die Leerstandskrise nicht auf die kommunalen oder genossenschaftlichen Großeigentümer beschränkt. Einer Erhebung des Instituts für Stadtentwicklung und Wohnen Frankfurt (Oder) zufolge war Ende 2002 in den vier typischen brandenburgischen Kleinstädten Eberswalde, Forst a. d. Neiße, Guben und Luckenwalde die Leerstandsquote auch beim *privaten* Altbaubestand bei rund 25 Prozent angekommen.[25] Kurz darauf alarmierten sächsische Landtagsabgeordnete die Öffentlichkeit, dass 60 Prozent der privaten Vermieter des Freistaats in eine „existenzgefährdende Situation" zu geraten drohen. Wenn traditionelle Industriestädte wie Weißenfels oder Sangerhausen mittlerweile Leerstandsquoten zwischen 30 und 40 Prozent melden, kann man davon ausgehen, dass an vielen solcher Standorte der Besitz eines Hauses eher als Strafe denn als eine ökonomische Verlockung anzusehen ist; und dies umso mehr, als einer der klassischen Beweggründe für die Anschaffung und Bewirtschaftung von privatem Immobilienbesitz ausfällt: Mit einer Wertsteigerung der Objekte, von vielen Kleininvestoren als Altersvorsorge einkalkuliert, ist mangels Käufernachfrage nicht mehr zu rechnen. Sogar auf den Immobilienseiten großer Zeitungen wird inzwischen vor leichtfertigen Geldanlagen im Wohnungsbau gewarnt.[26]

Seit auch die Bedrängnisse der privaten Hauseigner – seien die nun Alteigentümer, abschreibungswillige Neuerwerber oder Fondsanleger für Wohnparks auf grüner Wiese – öffentlich thematisiert werden, drängt sich noch einmal der unschöne Verdacht auf, dass die erheblichen staatlichen Subventionen, mit denen sich sofort alle Kraft auf die Verringerung der kommunalen Wohnungsbestände richtete, nicht zuletzt in der Hoffnung ausgegeben wurden, wenigstens die Privaten – möglichst lange – vor den Folgen ihres „Erwartungsirrtums" zu bewahren. Denn in der Tat handelt es sich hierbei um einen äußerst generösen Versuch der Abschirmung gegen das im Immobilienwesen übliche Risiko ausbleibender Mieteinnahmen – also wieder einmal um den Versuch, zur Rettung privater Gewinne die drohenden Verluste der Allgemeinheit aufzubürden.

[25] *Vgl. Hans Jürgen Volkerding: Befragungsergebnisse zur Bewirtschaftungssituation privat vermieteter Altbaubestände. In: MSWV-aktuell, Jg. 2003, Nr. 1/2*
[26] *Ruprecht Hammerschmidt: Kaum noch Wertzuwachs bei Immobilien. In: Berliner Zeitung vom 6./7. Dezember 2003*

28/39 SCHAUPLATZ WOHNUNGSWIRTSCHAFT

Planungsdezernenten begründen die bevorzugte Preisgabe kommunaler Wohnungsbestände stets damit, dass sich nun einmal zwei oder drei „Große" leichter an einen Tisch und somit zu einem Abriss-Konsens bringen ließen als Hunderte oder gar Tausende von Einzelhausbesitzern. Das mag aus rein handlungspragmatischer Sicht einleuchten. In der Sache selbst offenbart sich darin die Kapitulation einer zum Handeln gezwungenen Politik vor den von ihr selbst inthronisierten Leitbildern. Der Scherbenhaufen, vor dem sie jetzt steht, hat sie mit ihrem rückhaltlosen Bekenntnis zum Markt selbst angerichtet: Über alle sozialen Realitäten, zumal im extrem strukturschwachen Ostdeutschland, hinwegsehend, ist das Ideal privaten Wohneigentums zum unanfechtbaren Glaubenssatz erhoben und der Ausverkauf der städtischen Wohnungsbestände mit ideologischem Eifer vorangetrieben worden. Um diese *Idée fixe* selbst in einer Existenzkrise des Wohnungsmarktes nicht relativieren zu müssen, wird die wichtigste Ressource für eine öffentliche Kontrolle und Ausgleichssteuerung der Wohnverhältnisse, das kommunale Wohnungssegment, nun freiwillig und unwiederbringlich dezimiert. Insofern war der schrille Ton, mit dem die *Berliner Zeitung* gleich zur Eröffnung der Abrissdebatten die Zuweisung der wohnungswirtschaftlichen Substanzverluste an die Steuerzahler als „willkürliche Zerstörung von Volksvermögen" und mithin als „Selbstmord auf Staatskosten" bezeichnet hatte,[27] zwar etwas schräg formuliert, aber inhaltlich ohne Zweifel berechtigt.

27 *Hans-Wolfgang Hoffmann: Selbstmord auf Staatskosten. In: Berliner Zeitung vom 21. 11. 2000*

40 | 41 SCHAUPLATZ WOHNUNGSWIRTSCHAFT

3 EIN ZEITALTER GEHT ZU ENDE

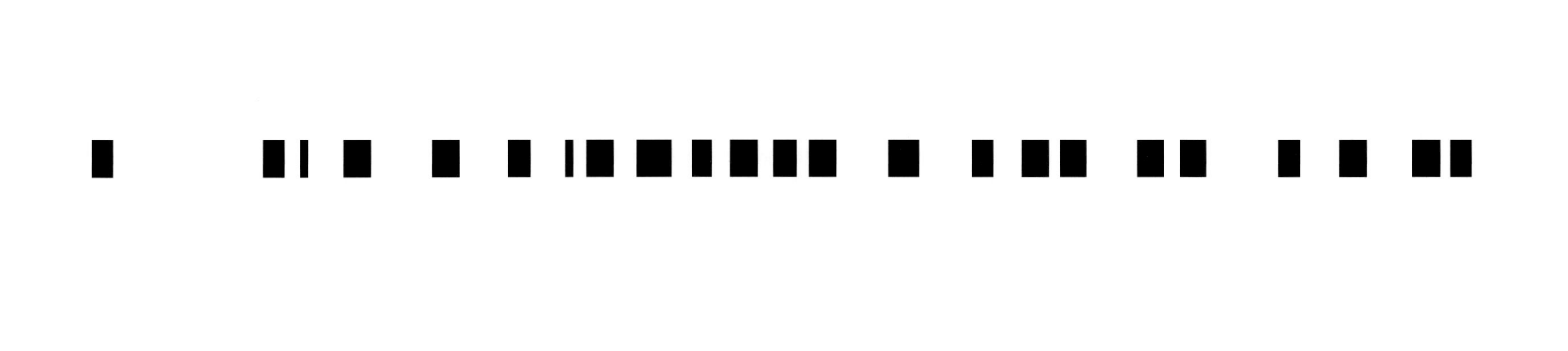

EIN ZEITALTER GEHT ZU ENDE

DIE GROßEN INDUSTRIEN KAMEN SPÄT AN IN DER MITTELDEUTSCHEN REGION, DAFÜR ABER UMSO GEWALTIGER. ZUMEIST ERST NACH 1900 LIEßEN SIE SICH NIEDER, WO VORHER NUR FELD UND WALD WAR, IN BITTERFELD, WOLFEN ODER SCHKOPAU, IN LEUNA UND IM GEISELTAL BEI MERSEBURG. BRAUNKOHLE UND CHEMIE, SCHWERMASCHINENBAU UND RÜSTUNG WAREN DIE GROßEN INDUSTRIELLEN ERFOLGSGESCHICHTEN DES 20. JAHRHUNDERTS. SIE FRAßEN UND VERGIFTETEN DAS LAND, GABEN ABER ZUGLEICH HUNDERTTAUSENDEN VON MENSCHEN ARBEIT, DIE VON ÜBERALL HERBEISTRÖMTEN, UM AN DEM BOOM DER REGION TEILZUHABEN. JETZT SIND DIE ALTEN INDUSTRIEN GESTORBEN, DIE LANDSCHAFTEN UMGEPFLÜGT UND AUSGEKOHLT, DIE WERKSHALLEN UND KESSELHÄUSER ABGERISSEN. NUR DIE MENSCHEN SIND ÜBRIG GEBLIEBEN...[28]

Es hilft nicht mehr weiter, den Bevölkerungsschwund Ostdeutschlands ausschließlich aus der Perspektive der unter Druck geratenen Wohnungseigentümer zu betrachten. Es geht hier um weiter reichende Richtungsentscheidungen, denn zu vermuten ist, dass wir es mit deutlichen Signalen, wahrscheinlich schon ersten Wirkungen einer Epochenwende zu tun haben, deren Ausmaße sich nur schwer abschätzen lassen. Auch wenn anderswo in Europa, ja selbst in anderen Regionen Deutschlands klassische Industriearbeit noch immer die ökonomischen wie die alltagskulturellen Strukturen bestimmt – es wird höchste Zeit, den „Industrialismus" als ein historisches Phänomen zu begreifen, das nicht nur einen Anfang, sondern auch ein Ende kennt.

Zur Erinnerung: Die Industrielle Revolution hatte, wo immer sie sich ereignete, die bis dahin agrarischen Gesellschaften bis zur Unkenntlichkeit umgekrempelt. Nun war der Wandel der Produktionsweise nicht nur ein Vorgang mit einschneidenden ökonomischen und politischen, sondern auch mit ungeheuren demografischen und kulturellen Auswirkungen. Die expandierenden Fabrikationen brauchten Heere von Ar-

[28] *Tobias Dürr: Die große Transformation. In: Tanja Busse/Tobias Dürr (Hrsg.): Das Neue Deutschland. Berlin 2003, S. 67*

beitskräften, weshalb Menschen in nie gekannter Zahl aus ländlichen Regionen in die neuen Ballungszentren wanderten. Zwischen 1870 und dem Ersten Weltkrieg hat vermutlich jeder zweite Deutsche im Rahmen einer reichsweiten Binnenwanderung irgendwann seinen Geburtsort verlassen, um an anderer Stelle Arbeit und neue Heimat zu suchen.[29] Auf dem Weg in die Städte haben bäuerlich geprägte Menschen sich von ihren Sitten und Gebräuchen, von alten Familienbanden und den dazugehörigen Wertesystemen losgesagt, um fortan die „Freiheit der Stadtluft" genießen zu können. Die bis dahin herrschende Dominanz ländlicher Lebensweisen wurde von Leitbildern städtischer Kultur immer weiter zurückgedrängt. Um das neu entstehende Proletariat zu behausen, wurde das gesamte existierende Siedlungsgefüge in einem recht brutalen Prozess aus seiner feudalzeitlichen Beschränktheit gerissen und der neuen Produktions- und Konsumwelt angepasst. Alte Residenzen und behäbige Bürgerstädte verwandelten sich in laute, schmutzige, aber begehrte Metropolen der Fabrikarbeit. Rückständige und verschlafene Dörfer begannen zu städtischen Agglomerationen auszuwuchern, beschauliche Flusstäler und sumpfige Niederungen füllten sich mit Schloten, Zechen, Montagehallen und Arbeiterwohnkasernen. Worüber allenthalben das Banner „Fortschritt" wehte, war nichts geringeres als ein Generalumbau sämtlicher Verhältnisse – in Wucht und Wirkung allenfalls den gewaltigsten Katastrophen vergleichbar, die ganze Kontinente bis zur Unkenntlichkeit umgewühlt und neu aufgeschichtet hinterlassen.
Wieso hoffen wir eigentlich, am Ausgang jenes Zeitalters glimpflicher davonzukommen?

ÜBERFLÜSSIGE RÄUME

Wo die Geschäfte blühten, blühten die Gemeinwesen. Masse, Tempo, Vielfalt, Toleranz und Anonymität – was uns am urbanen Getriebe bis heute so ungemein beeindruckt, hatte seinen Ursprung in jenem explosionsartigen Modernisierungsschub. Aber auch Stagnation und Niedergang haben sich im Bild der Städte und Siedlungen abgezeichnet. *Schrumpfung* als Symptom industrieller Wandlungsprozesse ist weder ein neues noch ein speziell ostdeutsches Phänomen. Als Krise der Montan- und der Textilindustrie gibt es hier-

29 Vgl. Gerhard Lenz: *Verlusterfahrung Landschaft.* Frankfurt a. M./New York 1999, S. 63

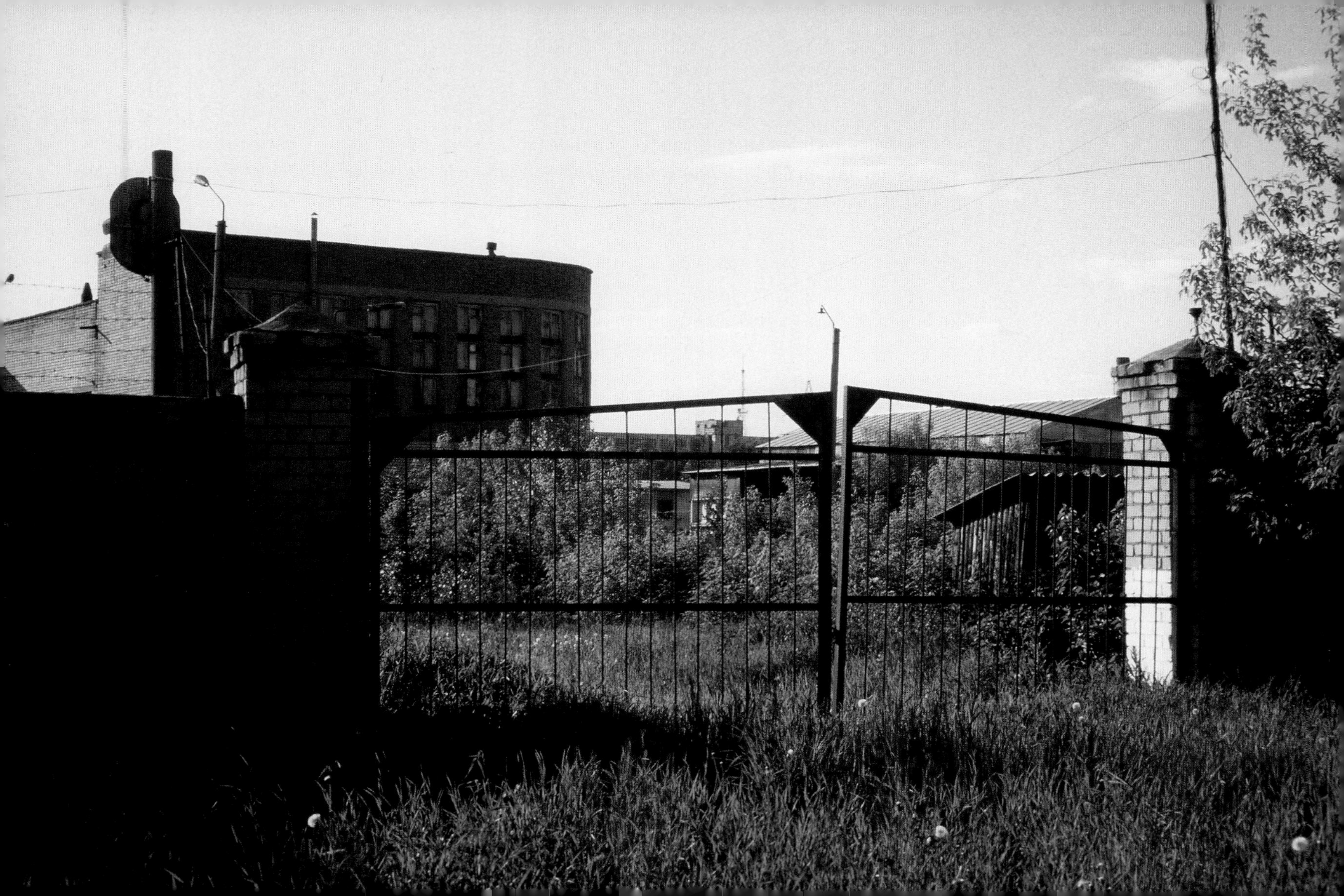

für viele, zum Teil berüchtigte Vorbilder in Mittelengland, Belgien, in den aufgegebenen Schwerindustrieregionen im Norden der USA. Wer gleich hinter Saarbrücken ins Lothringische fährt, kann dort ehemalige Bergarbeiter- und Stahlkochersiedlungen besichtigen, die Haus für Haus aufgelassen werden: Solange leer geräumte Grundstücke an innerstädtischen Straßen liegen, werden sie mit einer Asphaltdecke zum „Parkplatz" umdefiniert. Weiter zum Stadtrand hin wächst schlicht Gras über ein abgeschlossenes Kapitel der Geschichte.

Deindustrialisierung, Arbeitslosigkeit und Abwanderung sind klassische Verfallssymptome von Regionen, die bislang von stetiger Expansion der Industrieproduktion profitierten. Sie sind direkte Folgen jenes Wandels, der in den zurückliegenden Jahrzehnten als Ausdruck internationaler Arbeitsteilung stattgefunden hat: Aus den ursprünglichen Rohstofflieferanten, den früheren Kolonien, heute der „Dritten Welt", sind attraktive Billiglohn-Standorte der verarbeitenden Industrien geworden. Zu diesen neuen Schauplätzen profitablerer Massenproduktion ist ein Großteil der manuellen Arbeit „ausgewandert", was den einstigen Hochburgen der Industrialisierung nun nicht nur jede Menge überflüssig gewordene Flächen, sondern vor allem um ihre bisherigen Erwerbsquellen gebrachte Menschen beschert.

Neu – und deshalb besonders dramatisch – ist am Fall Ostdeutschland die nun erreichte Bandbreite der „Überflüssigkeit": Nicht nur ein bestimmter Industriezweig oder eine bestimmte Produktart, also weder bloß Bitterfelder Braunkohlenchemie, Chemnitzer Maschinenbau oder Mansfelder Kupferbergbau, sondern nahezu das gesamte Erwerbsspektrum einer durchaus modernen Industriegesellschaft wurde als Folge der deutsch-deutschen Wirtschaftsunion am 1. Juli 1990, gewissermaßen über Nacht und vollkommen unvorbereitet, zur Disposition gestellt. Selbst Städte mit einer vielfältig ausdifferenzierten Fertigungspalette blieben von den Einbrüchen nicht verschont, denn mit den jeweiligen Hauptprodukten verschwand auch die weitgefächerte Zulieferstruktur. Die Berliner Soziologin Christine Hannemann spricht sogar von einer *Deökonomisierung* Ostdeutschlands: „Insgesamt ist die Entwicklung der Städte [...] von Funktionsverlusten und wirtschaftlichem Strukturabbau gekennzeichnet. Zentrales Problem ist nicht die Transformation der wirtschaftlichen Basis, sondern deren Erosion."[30] Der schonungslose Systemwandel hat dazu geführt, dass wesentliche Teile des gesellschaftlichen Daseins hier praktisch nur noch über staatliche Transferleistungen aufrecht zu erhalten sind, und zwar auf unabsehbare Zeit (wenn nicht gar irreversibel). Diese anfangs von manchen als „schöpferisch" bezeichnete Zerstörung der produktiven Basis muss früher oder später auf die sozialräumlichen Strukturen der betroffenen Regionen durchschlagen. Nach anderthalb Jahrhunderten stetiger Anpassung an die Zwänge und Bedürfnisse einer komplex entwickelten Produktionsweise kommt diesen Strukturen – in die nachindustrielle Leere gestürzt – ihr Daseinssinn abhanden. Häufig übersehen wird hierbei, dass diese strukturelle Krise sich nicht auf Stadtwelten beschränkt. In der ostdeutschen Land- und Forstwirtschaft betrug der Beschäftigungsrückgang zwischen 1990 und 1993 annähernd 80 Prozent, d. h. hier hat sich das Arbeitsangebot noch weit drastischer verringert als in den übrigen Wirtschaftsbereichen. Auch wenn die Umwandlung des LPG-Systems in großagrarische Produktionseinheiten wesentlich erfolgreicher gelang als die Anpassung der vormaligen DDR-Industrie an Marktverhältnisse, sind rein ländlich geprägte Siedlungen nach diesen Neustrukturierungen in weiten Landstrichen kaum mehr zukunftsfähig. Immer mehr Höfe werden, wenn überhaupt, nur noch als Nebenerwerb bewirtschaftet. Auch ohne Industriearbeit als Lockmittel setzt sich Landflucht als traditionell bestimmender Wanderungstrend fort; werden jetzt die soziale und kulturelle Chancengleichheit zwischen Stadt und Land auch noch programmatisch aufgekündigt, wird sich diese Migration noch weiter beschleunigen. Allenfalls im Umkreis größerer Städte hatten Dörfer im zurückliegenden Jahrzehnt (zum Teil erhebliche) Einwohnerzuwächse zu verzeichnen – allerdings durch Menschen, die ihre Einkünfte aus städtischer Beschäftigung bezogen. So kommt es, dass nun, sobald die Städte ökonomisch abrutschen, auch in jenen Stadtranddörfern der Exodus einsetzt und Leerstände auftreten. „Der ländliche Raum kann jedoch keine adäquate Lobby wie die Wohnungsunternehmen vorweisen. Alle vorliegenden Programme befassen sich derzeit mit dem Stadtumbau und noch nicht mit dem ländlichen Raum. Hierfür sind Planungsstrategien und Förderinstrumente in gleicher Weise [wie für die Städte] erforderlich."[31]

[30] Christine Hannemann: Was verursacht schrumpfende Städte in Ostdeutschland? – Ursachen und Folgen einer Stadtentwicklung ohne Wachstum. In: Aus Politik und Zeitgeschichte, Jg. 2003, Nr. 28
[31] Stadtumbau Ost – Strategiepapier der Bundesarchitektenkammer. In: Deutsches Architektenblatt, Jg. 2003, Nr. 4

ÜBERFLÜSSIGE MENSCHEN

Speziell in Ostdeutschland kommt es also zu einer Überlagerung zweier verschiedener Probleme. Wir haben es mit den Folgen struktureller *und* technologischer „Modernisierung" zu tun, die letztlich aber doch auf einen einzigen Mechanismus hinauslaufen: Seit die rein quantitative Ausdehnung von Warenproduktionen an die Grenzen der Bedarfssättigung gelangt ist, wird in keinen Sektor so viel Kapital investiert wie in die betriebliche Rationalisierung, und das bedeutet: in die „Produktion" von Arbeitslosen.

Besonders plastisch lässt sich dies am Beispiel der ostdeutschen Energiewirtschaft verfolgen: Nach 1990 wurde die Förderung der dominierenden Braunkohle um etwa 70 Prozent zurückgefahren, was zwischen 1989 und 1997, also innerhalb von acht Jahren, ca. 85 Prozent der Beschäftigten, das sind über 60.000 Kumpel, „überflüssig" machte. In sämtlichen noch verbliebenen Gruben des Lausitzer und des Mitteldeutschen (Leipziger) Reviers fanden 2002 noch 5.600 Menschen Arbeit, gegenüber 100.000 Beschäftigten zu DDR-Zeiten ... also etwa jeder Zwanzigste. Auch von den unmittelbar an die ehemaligen Förderstätten gekoppelten Energieversorgern gingen die meisten vom Netz: Von einst 30.000 Jobs in den ehemaligen Kraftwerkskombinaten sind heute noch rund 5.500 übrig. Inzwischen sind das genug, um den kompletten Strombedarf der Neuen Länder zu decken. Das 1998 fertig gestellte, modernste Braunkohlekraftwerk Europas in Schwarze Pumpe verschlang dreieinhalb Milliarden Mark – die Hälfte der Bausumme für den gesamten Potsdamer Platz in Berlin – benötigt dafür im rollenden Schichtbetrieb nicht einmal 200 Leute, die Kantinenfrauen und den Werkschutz schon eingerechnet.[32]

Als 1971 im Erzgebirge der Steinkohlebergbau wegen Unergiebigkeit eingestellt wurde, waren die Wirtschaftsplaner der DDR noch in der Lage, im gleitenden Übergang für Ausgleich zu sorgen: Auf dem Gelände des Karl-Liebknecht-Schachts in Oelsnitz etwa wurde ein Werk für Büromaschinen errichtet; für Kumpel, die den Wechsel aus der Grube in die feinmechanische Produktion nicht bewältigten, gab es das neue Betonwerk, wo Schutt der Abraumhalden zu Baufertigteilen recycelt wurde.

Auch im Westen war niemals zuvor ein Strukturwandel dermaßen planlos und ungeschützt dem Selbstlauf

32 *Mit solchen Relationen ist keinesfalls nur angesichts einer „zurückgebliebenen DDR-Wirtschaft" zu rechnen: Im Jahr 2000 hat die Privatisierung des ehemals Westberliner Stromerzeugers BEWAG die dortige Belegschaft von 14.000 auf 5.200 reduziert, 1.000 weitere Streichungen waren im Vertrag gleich angekündigt.*

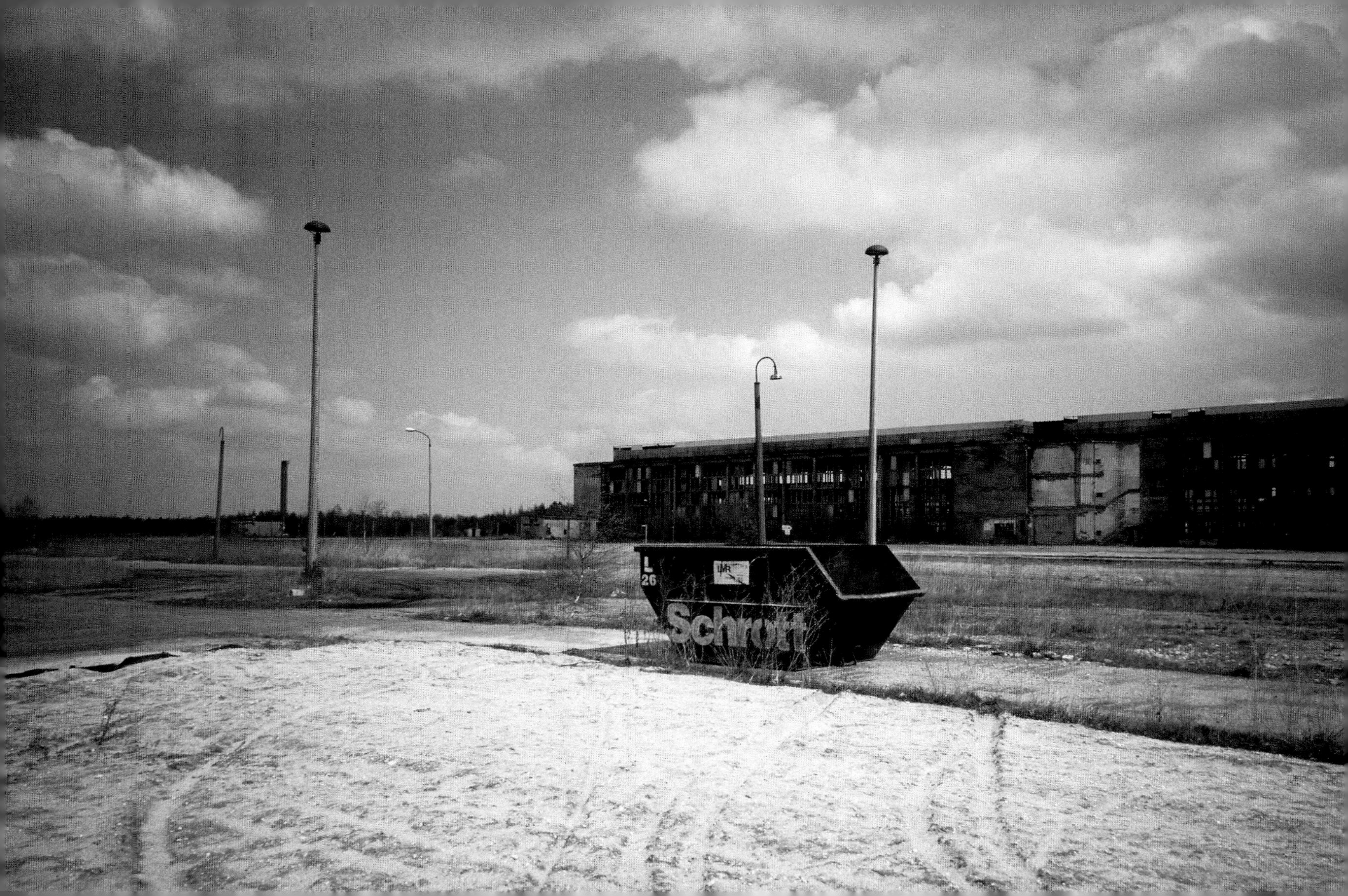
L
26
Schrott

überlassen worden. Wo immer eine Branche in die Krise kam, wurde der Geldhahn aufgedreht: bei der Kohle, bei den Werften, bei der Landwirtschaft. Der nach Kräften verzögerte und kompensatorisch weitgehend abgefederte Niedergang des alten Ruhrgebiets ist mit der kollapsartigen Preisgabe der ostdeutschen Industrien in keiner Weise zu vergleichen. Letztere geschah, nach Maßgabe neoliberaler Marktfrömmigkeit, gewissermaßen im freien Fall. Allein im Chemiegroßraum Bitterfeld-Wolfen-Dessau waren von 1990 bis 1993, also innerhalb von nur drei Jahren, durch wilde Abrisskampagnen, aus Gründen der Arbeitsbeschaffung oder um jungfräuliches Investitionsbauland freizulegen, über 80 großbetriebliche Anlagen demontiert und dabei die Zahl der noch irgendwie produktiv Beschäftigten unter ein Drittel der Stärke vor 1989 gesenkt worden. Solches Hoffen auf Investorengunst zahlte sich allerdings nur in den seltensten Fällen aus: Dem Dessauer Regierungspräsidenten wird die sarkastische Bemerkung zugeschrieben, „dass man in äußerst problematischen Zeiten lebe, da sich zehn Gewerbeflächen um eine Firma balgen".[33]

Überall sehen die Zahlen ähnlich aus: Dessau (Waggonbau, Chemie) hat 5.500 produktive Arbeitsplätze verloren, Weißwasser (Glas, Braunkohle, Energie) 7.000, Görlitz (Waggonbau, Textil- und Elektromaschinenbau) über 15.000. Dresden, einer der größten und modernsten Industriestandorte der DDR, büßte 75.000 produktive Arbeitsplätze ein, d.h. drei Viertel der einstigen Gesamtzahl. In Leipzig ging die Zahl sogar von 120.000 (1990) auf 12.000 (2001) zurück – wobei von letzteren zeitweise bis zu 8.000 auf den stadteigenen „Betrieb für Beschäftigungsförderung" entfielen. Ähnliche Relationen lassen sich auch für Einzelfälle errechnen: Der Anlagenbauer Bergmann-Borsig in Berlin schrumpfte von 4.500 auf 300 Arbeiter, von 8.500 im Halbleiterwerk Frankfurt (Oder) blieben gerade 160. Im größten Betrieb Elsterwerdas, dem ehemaligen Maschinenbauer *Impulsa*, erlebten von ursprünglich 2.000 Beschäftigten noch die letzten 30 die schließliche Insolvenz.

„Auf die Industrie entfielen im Saldo 70 Prozent des Arbeitsplatzabbaus im Gefolge der deutschen Einheit",[34] hatten soziologische Untersuchungen schon Mitte der 90er Jahre ermittelt. Bis zur Jahrtausendwende war der Umfang der Erwerbsarbeit in Ostdeutschland auf ein kaum mehr vorstellbares Maß ge-

---

[33] Gerhard Lenz, a.a.O., S. 192
[34] Christine Hannemann: Was verursacht schrumpfende Städte in Ostdeutschland? In: Kristina Bauer-Volke/Ina Dietzsch (Hrsg.): Labor Ostdeutschland. Kulturelle Praxis im gesellschaftlichen Wandel. Berlin 2003, S. 212

schrumpft: von 9,7 Millionen Beschäftigten im Jahr 1990 auf 6,4 Millionen im Jahr 2000. Zählt man die über 400.000 Pendler, die im Westen eine Stelle fanden, noch hinzu, dann sank ihre Zahl sogar auf unter sechs Millionen. Mit den entsprechenden Wirkungen: Als Porsche für sein neues Werk bei Leipzig 200 bis 300 Stellen anbot, meldeten sich 11.000 Bewerber.

Einem solchen, völlig disproportionalen Überhang an „Freigesetzten" ist weder mit Verweisen auf eine angeblich jetzt „angesagte" Dienstleistungsgesellschaft beizukommen, noch mit der Empfehlung, sich vielleicht mal in der *New Economy* umzuschauen. Mit derartigen Schimären wird versucht, „die Fiktion von Arbeitsgesellschaft und Vollbeschäftigung ein letztes Mal zu beglaubigen, vorzugsweise dadurch, dass die sozial Ausgemusterten in eine Lage versetzt werden, in der niemand mit ihnen tauschen möchte", ein Unterfangen, das sich nach Wolfgang Engler von Tag zu Tag selbst widerlegt: „Hier hat die Zukunft keinen Anwalt."[35]

DIE NÄCHSTE SCHWELLE: AUTOMATION

Um nicht dem falschen Trost zu verfallen, bei all dem handele es sich um ein regionales, also gewissermaßen ein Nischen-Problem, sollte man die Vergleichsdaten einiger westdeutscher Städte im Auge behalten: Pirmasens verlor mit dem Niedergang der Schuhindustrie ab Anfang der 80er Jahre 15.000 Arbeitsplätze, in der fränkischen Porzellanstadt Selb wurde nach beispiellosen Absatzeinbußen innerhalb von sechs Jahren nahezu jeder fünfte Beschäftigte „freigesetzt". Endgültig ernüchternd wirkt allerdings wohl erst ein Blick über den deutschen Tellerrand hinaus: „Trotz 2,8 Prozent Wirtschaftswachstum 2002 und trotz des steilen Anstiegs der Produktivität um 4,7 Prozent – die größte Steigerung seit 1950 – verließen mehr als eine Million Beschäftigte endgültig den Arbeitsmarkt", analysiert Jeremy Rifkin die schlimmste Beschäftigungskrise der amerikanischen Wirtschaft seit mehr als 20 Jahren. „Die Weltwirtschaft befindet sich in einem grundlegenden Wandel, weil sich die Natur der Arbeit verändert – mit Konsequenzen für die Zukunft der Gesellschaft. Im Industriezeitalter ging die Massenbeschäftigung Hand in Hand mit den Maschi-

35 *Wolfgang Engler: Der nächste Schritt.* In: Tanja Busse/Tobias Dürr, a.a.O., S. 44

nen, die einfache Güter und Dienstleistungen produzierten. [Heute] ersetzen intelligente Maschinen in Form von Computersoftware und genetischer *Wetware* zunehmend die Arbeit des Menschen in Landwirtschaft und Industrie. Bauernhöfe, Fabriken und Service-Branchen werden automatisiert. Mehr und mehr körperliche und geistige Arbeit wird im 21. Jahrhundert von denkenden Maschinen übernommen. Die billigsten Arbeiter der Welt werden vermutlich nicht so billig sein können wie die Technologie, die sie ersetzt. Zur Mitte des 21. Jahrhunderts wird die Wirtschaft die technischen Notwendigkeiten und die organisatorische Kapazität besitzen, Güter und einfache Dienste für eine wachsende menschliche Bevölkerung mit einem Bruchteil der jetzt dort Beschäftigten bereitstellen zu können. [...] Die Aussicht, den kommenden Generationen die mühevollen langen Stunden an einem Arbeitsplatz zu ersparen, könnte eine zweite Renaissance der Menschheit einleiten – oder aber zu großer sozialer Spaltung und zu Aufständen führen. Die kritische Frage lautet: Was sollen wir tun mit den Millionen junger Menschen, die immer weniger oder gar nicht in der automatisierten Weltwirtschaft gebraucht werden?"[36]

Auf alle Fälle nicht das fortsetzen, was hierzulande bislang als Standard technomanischer Entwicklungspolitik gilt: Während mit der Erhebung von Straßengebühren europaweit mehrere hunderttausend (mäßig anspruchsvolle) Arbeitsplätze verbunden sind, legen deutsche Technologiekonzerne ihren ganzen Ehrgeiz darein, für 7,5 Milliarden Euro ein hyperkomplexes Erfassungsverfahren zu entwickeln, das nach seiner endlichen Einführung weniger als 900 Jobs bieten wird.[37]

Damit ist nun offensichtlich ein entscheidender Punkt erreicht: Bislang war das Industriezeitalter nur in den altindustriellen Hochburgen des „Nordens" zuende gegangen – durch die schlichte Verlagerung (manche sagen „Auswanderung") der rohstoff- und handarbeitsintensiven Produktionen in die Billiglohnländer des „Südens". Inzwischen sind Schwellenländer wie Indien, Philippinen, Vietnam, Rumänien oder Slowakei auch für intelligenzintensive Tätigkeiten attraktiv: Radiologen in Mumbai werten Computertomografien amerikanischer Kliniken aus, die Strafmandate New Yorker Falschparker werden in Ghana sortiert, *Siemens* und *Infineon* lagern große Teile ihrer Chipentwicklung nach China aus.[38]

---

[36] Jeremy Rifkin: Das Ende der Arbeit. In: Der Tagesspiegel vom 14. März 2003
[37] Wie sehr dieses Denken in eherner Tradition wurzelt, zeigt u.a. der Fall des Trickfilmzentrums Oberhausen, wo mit 60 Millionen Euro Förderung 20 Arbeitsplätze zustande gebracht wurden. Vgl. Thomas Gesterkamp: Entzauberte Boombranche. In: Menschen machen Medien, Jg. 2003, Nr. 7/8
[38] Vgl. Wolfgang Müller: Ihr seid einfach zu teuer. In: Freitag, Jg. 2004, Nr. 4

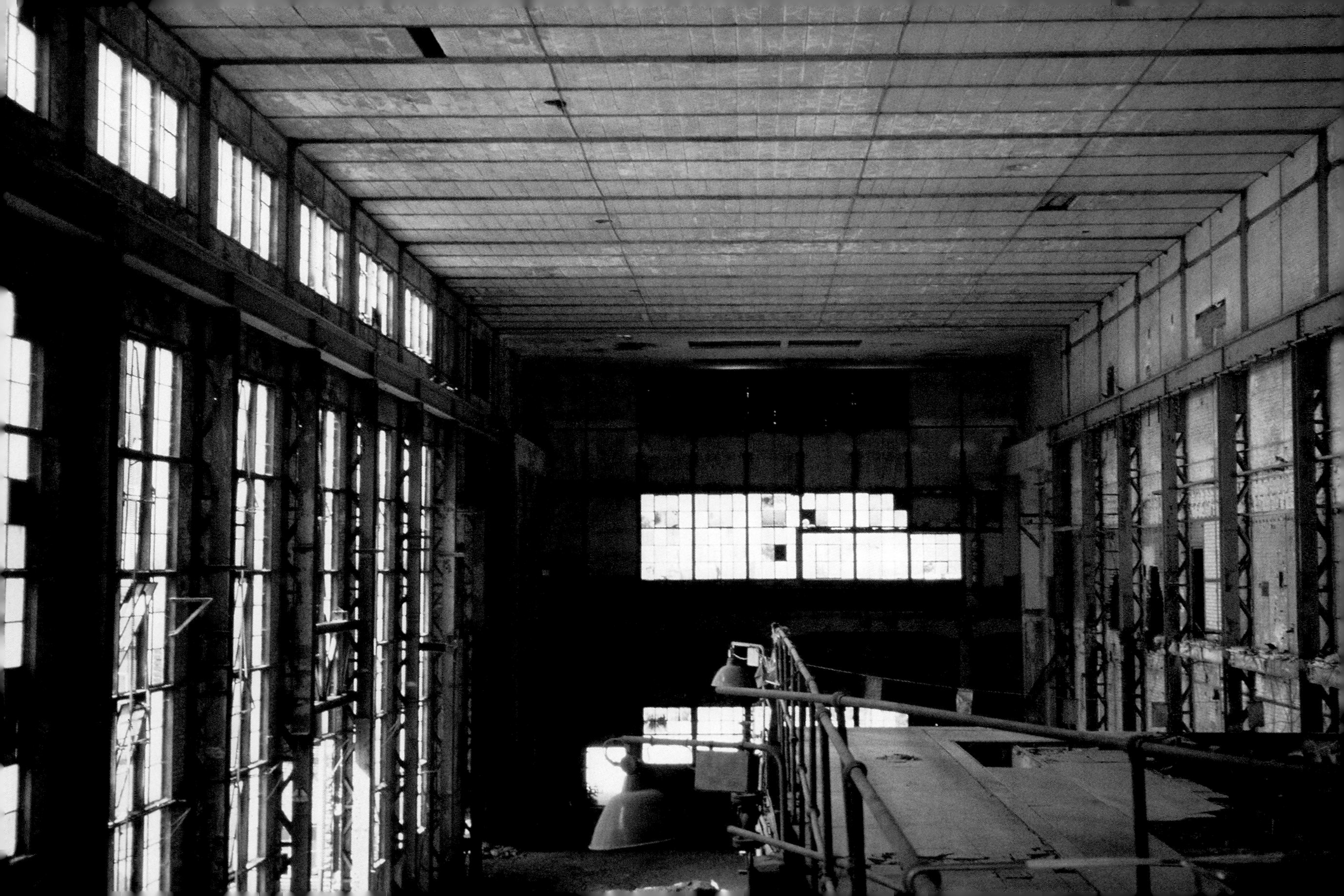

Mit dem Technologiesprung von Computerisierung und Automatisierung schließlich stehen wir vor einer „Auswanderung" der Arbeit in die Maschinen.[39] Dieses „Verschwinden der Arbeit" lässt sich nicht mehr als Folge globaler Neuplatzierung von Produktionsstandorten beschreiben, sondern es bedeutet die tatsächliche Freisetzung von konkreten Arbeitspotenzialen, weltweit und bislang ohne Aussicht auf adäquaten Beschäftigungsersatz. Und diese Freisetzung ist unwiderruflich: Aus den Maschinen kommt die Arbeit nicht wieder zurück.

HASE UND IGEL

„Wie viele Angestellte von deinen 16.000 brauchst du wirklich?" soll der Manager David Packard einmal seinen Kollegen John Gage von der Firma *Sun Microsystems* gefragt haben. „Sechs, vielleicht acht", soll Gage geantwortet haben, „der Rest ist Rationalisierungsreserve." Damit ist klar: Nicht für *den Osten* – als vermeintlich „DDR-geschädigte" Sondergesellschaft – müssen Erklärungen und Auswege gefunden werden; vielmehr ist generell die Frage zu beantworten, „was im siegreichen Kapitalismus mit jenem Teil der Gesellschaft geschehen soll, für den es im Verwertungskreislauf keine Verwendung gibt".[40]

Wie groß die Ratlosigkeit ist, kann man an den seltsamen Blüten erkennen, die das verzweifelte Suchen nach Auswegen mitunter hervortreibt. Nehmen wir nur jene kleine Geschichte, die gar nicht notwendig am Rande der Lausitz spielen muss: Weil ringsum seit dem 19. Jahrhundert Braunkohle gefördert wurde, verfeuerten sie in Plessa, einer alten Industriegemeinde unweit von Elsterwerda, in dem inzwischen ältesten noch original erhaltenen Braunkohlekraftwerk Deutschlands die Kohle zu Strom. Natürlich ist die 1987 unter Denkmalschutz gestellte Anlage seit 1992 außer Betrieb, aber um sie wenigstens als bauliches Zeugnis der Industriegeschichte erhalten zu können, benötigte man ein Nachnutzungskonzept. Die Internationale Bauausstellung (IBA) Fürst-Pückler-Land nahm das Objekt 1997 unter ihre Fittiche und schickte einen resoluten Projektmanager. Der vollbrachte mit seinen ABM-Brigaden, lauter Ex-Kraftwerkern, nicht nur eine große Entkernungs- und Begrünungsaktion. Mit der Energie des jederzeit streitbaren Machers setzte er

39 „In Deutschland hat die computergestützte Technisierung fünf Millionen Menschen dauerhaft aus der Produktion verdrängt und den Preis der noch beschäftigten Arbeitskraft gedrückt. [...] Das bedeutet, dass sich die Arbeiterinnen und Arbeiter immer weniger von dem kaufen können, was im Lande – von ihnen selbst! – hergestellt wird. Autos aber kaufen keine Autos." Jürgen Elsässer: Virus in der Matrix. In: Freitag, Jg. 2003, Nr. 23
40 Jens Bisky in der Süddeutschen Zeitung vom 9. Oktober 2002

Obstbrannt-Destillation
Kraftwerk Plessa

sich das Lebensziel, in den alten Kraftwerksgemäuern neben Biodiesel auch noch eigenes Bier und eigene Obstschnäpse zu produzieren. Letztere sollen in der zum Erlebnislokal umgebauten Schlosserei gleich zum Ausschank kommen. So gegen 2005 wollen sie die Produktion nicht nur zum Laufen gebracht, sondern ihren „Musterbetrieb" auch von Zuschüssen unabhängig gemacht haben. 60 Leute sollen dann selbsttragende Beschäftigung finden.

Soweit die Erfolgsstory, mit der alle Beteiligten ihr Projekt unentwegt preisen. Doch im Schatten lauert eine zweite Bilanz: Wenn das ehrgeizige Unterfangen gelingt, dann haben acht Jahre lang eine immens große Zahl von Leuten und Institutionen, von der IBA-Verwaltung und dem Landkreis über Regierungsstellen in Potsdam und Berlin und Nürnberg (wegen der AB-Maßnahmen) bis zu den Fördergremien im fernen Brüssel, daran gewirkt, dass in einem gewagten Experiment – vielleicht – ein paar Dutzend Leute wieder einen Lebensunterhalt knapp über Sozialhilfeniveau erringen. Und diese 60 werden dann vermutlich die einzige „Betriebsbelegschaft" von Plessa sein; der letzte nennenswerte „normale" Arbeitgeber am Ort, eine Firma mit 70 Angestellten, war im April 2002 pleite gegangen.

Es ist wie in dem Wettlauf zwischen Hase und Igel. Während der Hase sich jahrelang für 60 Jobs abrackert und zittert und streitet und bangt, ruft der Igel „Ick bin schon da!" und meldet beim Arbeitsamt 70 ordentliche Arbeitsverhältnisse ab, einfach so, über Nacht.

Es macht keinen Sinn, die Augen länger davor zu verschließen: Alle Hoffnungen auf ein „zweites Wirtschaftswunder" oder eine „nachholende Modernisierung" der ostdeutschen Wirtschaft bleiben unerfüllt. Stattdessen stehen wir vor den Auswirkungen eines ökonomischen Wendemanövers, das sich nicht als Struktur*wandel*, sondern als rapider Struktur*bruch* vollzog und im Osten Deutschlands deshalb keine *postindustrielle* (wie im Westen), sondern eine *deindustrialisierte* Landschaft hervorgebracht hat. Für die davon Betroffenen macht das einen ganz entscheidenden Unterschied: Sie haben keinen „Modernisierungsschub" zu verkraften, also individuelle Neuorientierungs- oder Anpassungsprobleme zu lösen, sondern sie kämpfen, einzeln wie kollektiv, ums Überleben – weniger materiell-finanziell (das steht den meisten erst noch bevor) als im Sinne einer jeden Morgen neu zu findenden Rechtfertigung: Warum soll man als aktiver, mobiler und ehrgeiziger Mensch in einer Region bleiben, die sich dauerhaft auf eine Arbeitslosigkeit von 25 Prozent und mehr eingerichtet hat? In der die Bahn erst einzelne Bahnhöfe, dann ganze Strecken stilllegt, wo Sparkassen und Postfilialen [41] reihenweise schließen, wo Ärzte und Schulen nur noch in der Kreisstadt zu finden sind, der Einzelhandel zum Erliegen kommt und – als finale Katastrophe – die letzte Kneipe aufgibt. Wenn dann die Tankstelle als Zuflucht aller Alltagsbedürfnisse übrigbleibt, soll man sich nicht wundern, dass früher oder später alle vom Davonfahren, vom Abhauen träumen. „Das ist wie vor '89", kann man da immer häufiger hören, „jetzt gehen alle, die noch was bewirken könnten. Keiner will der letzte sein, der am Ende das Licht ausmacht".

MEHR MARKT ODER MEHR STAAT?

Anfang der 90er Jahre konnte man Reportagen über ganze Dorfbelegschaften aus Thüringen oder Südsachsen lesen, die allmorgendlich ab vier Uhr früh von Werkbussen auf Rundkursen eingesammelt und zu Großarbeitgebern weit über 100 Kilometer tief ins Bayerische oder Hessische verfrachtet wurden; allabendlich lieferte der Bus sie in umgekehrter Reihenfolge wieder zu Hause ab.

Man braucht an dieser Stelle nur das Ost-West-Schema beiseite zu lassen, um im vermeintlichen Sonderfall das Allgemeine zu entdecken: „Wanderungen in Freiheit und bei freier Entscheidung der Wandernden erfolgen nicht nach der Himmelsrichtung oder nach der politischen Vergangenheit, sondern gesetzmäßig", urteilt der Greifswalder Kulturgeograf Wolfgang Weiß über die Bevölkerungsverschiebungen im größer gewordenen Deutschland, und er setzt sie damit in Analogie zu den „großen", den grenzüberschreitenden oder gar globalen Migrationsbewegungen, die weltweit Politikern und ihren Grenzschützern zu schaffen machen. „Man sucht nach besseren Existenzbedingungen und wägt den Aufwand der Neueinrichtung mit dem Verlust des Bisherigen ab. Darum wandern auch jene zuerst ab, die sich leichter in einer neuen Heimat einrichten können, und es wandern diejenigen eher, die nicht viel zu

[41] *Nach US-amerikanischem Verständnis erlangt mit Schließung des Postbüros ein Ort den Status der Ghost town.*

58 | 59 EIN ZEITALTER GEHT ZU ENDE

verlieren haben, die weder auf Eigentum noch auf Ehepartner oder Kinder Rücksicht nehmen müssen."[42] Nun, da im Laufe eines Jahrzehnts der aberwitzige innerdeutsche Fernreise-Berufsverkehr zunehmend durch reguläre Arbeitsmigration abgelöst wurde, muss man jene Nachwende-Pendler als die Zeitgenossen mit dem schärfsten Realitätssinn bezeichnen. Sie reagierten frühzeitig auf Tatsachen, über die hierzulande nur selten so freimütig geredet wird, wie es der Berliner Soziologe Wolfgang Engler einmal in der Chefetage eines führenden süddeutschen Unternehmens erlebte. Einige Passagen jenes unerwartet offenherzigen Gesprächs hat er an die Öffentlichkeit weitergegeben:

„Die deutsche Wirtschaft [gemeint ist die *west*deutsche Wirtschaft, W.K.] denkt nicht daran, sich im Osten Deutschlands selber Konkurrenz zu machen. Wenn sie dort investiert, dann höchst punktuell und zu Sonderkonditionen, unter denen kräftige Finanzspritzen von Bund und Ländern ganz oben rangieren. Dazu gehört ferner, dass wir auf die Standortpolitik unserer wirtschaftlichen Partner, aber auch des Staates im Sinne einer Vermeidung von unliebsamer Konkurrenz Einfluss nehmen. Das klingt nicht besonders philanthropisch, ist aber unternehmenspolitisch rational. Rational ist auch, dass viele Ostdeutsche ihre Heimat verlassen und sich dort ansässig machen, wo es Arbeit gibt. Bei uns sind die Arbeitsämter seit geraumer Zeit dazu übergegangen, komplexe Lösungen (Arbeit, Wohnung, Kinderbetreuung) für ganze Familien anzubieten, die vom Osten in den Westen übersiedeln wollen; so werden aus Pendlern Ansässige und die Leute bleiben zusammen. Statt darüber zu klagen, müsste man sich eigentlich mit ihnen freuen. Gewiss, dadurch dünnen die ostdeutschen Städte und Dörfer weiter aus. Und je mehr sie es tun, desto unattraktiver werden sie als Standorte. Nur sehe ich keine überzeugende Alternative zu diesem Prozess. [...] Aber wenn wir ein wenig nach vorn blicken, fünfzig Jahre weiter, wer weiß, vielleicht haben sich dann Bevölkerung und Beschäftigungslage auf einem zugestandenermaßen geringen Niveau eingependelt. Bis dahin ist die Politik, ist der Staat gefordert, sind klare Worte vonnöten. Den Westdeutschen muss unmissverständlich gesagt werden, dass sie ihre Brüder und Schwestern im Osten während dieses langen Anpassungsprozesses alimentieren müssen, und zwar in ihrem wohlverstandenen Eigeninteresse; die

42 *Wolfgang Weiß: Kommunalpolitische Aspekte der Gemeindestrukturen in Mecklenburg-Vorpommern – Wege zum effektiveren Handeln. Denkschrift für das Kommunalpolitische Forum e.V. Schwerin 2000*

Ostdeutschen müssen sich von Trugbildern verabschieden und in Geduld fassen – das Tal, in dem sie leben, ist nicht zum Durchzug, sondern zum Verweilen bestimmt." [43]

So stellt sich Weltenwandel dar, wenn man vom Feldherrenhügel blickt: Wo sich Wirtschaftsstrukturen ändern, liegt es auf der Hand, dass sich auch die dazugehörigen Räume neu strukturieren. Neue Kraftzentren und Innovationskerne bilden sich heraus, neue Hinterhöfe entstehen. Die Globalisierung organisiert nicht nur die Waren- und Finanzströme der Weltwirtschaft neu, sie erzeugt auch neue *Peripherien*. Das sind in vielerlei Hinsicht benachteiligte Gebiete, zu deren Charakteristik neuerdings gehört, dass sie sich auch inmitten weiterhin funktionstüchtiger Wohlstandsregionen ausbreiten können.

Ein „Tal der Tränen" zum dauerhaften Aufenthalt? Da werden die Ostdeutschen zum exemplarischen Fall. An ihrer Situation lässt sich einiges lernen über das Schicksal von Regionen, die im gefürchteten Status der „funktionalen Irrelevanz" (Manuel Castells) angekommen, d.h. für globalisierte Wirtschaftskreisläufe uninteressant geworden sind. Die Entfernung der ostelbischen Tiefebene zu den prosperierenden westeuropäischen Produktions- und Innovationszentren – von Rotterdam und Lille rheinabwärts bis ans Mittelmeer – ist anscheinend zu groß. Andererseits reicht dank radikaler Marktöffnung die Binnennachfrage für rentable heimische Produktionen nicht aus. Das Resultat: Marktmechanismen fallen als Entwicklungs- und Stabilisierungsfaktoren zunehmend aus, denn allein an Kaufkraft und Umsatz gemessen, verlieren Landschaften und Orte mit abnehmender Kundendichte jede Attraktivität.

Gerade das Beispiel Ostdeutschlands zeigt eindrucksvoll und sehr konkret, dass schrumpfende Regionen auf den *Markt* nicht allzu innig hoffen dürfen. Das Abrutschen ganzer Ländereien in die Verwilderung aufzuhalten, wird nach dessen reiner Lehre nicht gelingen. Stattdessen sind es ausgerechnet Fälle einer sehr speziellen, eher subversiven Art von „Privatisierung", die in hoffnungsvollere Richtung weisen: Weil bestimmte Konversionsflächen wie Manövergelände, Tagebaurestlöcher oder agrarisch überformte Auen oft nicht anders für eine Renaturierung zu reservieren sind, werden sie gelegentlich durch Verbände oder Stiftungen großflächig aufgekauft – einzig zum Zwecke der Stilllegung.

43 *Wolfgang Engler: Friede den Landschaften. In: Frankfurter Allgemeine Zeitung vom 20. Juni 2001*

Um die interessanten und/oder gefährdeten Landschaften aus wirtschaftlichem Verwertungsdrang zu befreien, bleibt also nur das Mittel der öffentlichen Intervention. Strikt am Markt orientierte Privatinitiative kann mit unrentierlichen Dingen, wie etwa dem Naturschutz, wenig anfangen. Auch die Auflösung bestehender Strukturen, das ersatzlose Aufgeben von Räumen sind Vorgänge ohne Gewinnaussichten. Selbst im Deutschen Institut für Urbanistik (Difu) keimt daher die Überzeugung, angesichts der speziellen Mechanik von Rückzugsprozessen müsse „zumindest ergänzend auf andere als Marktressourcen gesonnen werden". [44]

Solche Beschreibung der Zustände läuft auf eine derzeit wenig populäre Forderung hinaus: Zur Bewältigung von Schrumpfungsvorgängen wird nicht weniger, sondern mehr Staat gebraucht. Die äußeren Rand- und inneren Schattenzonen des Systems dürfen weder populistischen Seelenfängern noch rabiaten Selbsthelferstrukturen vom Typ „Mafia" überlassen werden. Doch „Innere Sicherheit" soll hier nicht das Thema sein. Mit *Staat* sei weniger nach dessen exekutiven, als nach den legislativen Kompetenzen gerufen: Es geht nicht um mehr oder besser gerüstete Polizeistreifen, sondern um angemessene Gesetze und Verordnungen, also um Rahmenbedingungen, die ein Dasein und Handeln in marktfernen Landschaften unterstützen. Und da die *Verteilung von Verlusten* auf dem Wege einvernehmlicher Dialoge schwerlich zu klären ist, wird es ohne starke Regelungskompetenz zur Durchsetzung fairen Ausgleichs wohl nicht gehen.

Auf jeden Fall gilt: Das Schicksal der neuen Peripherien bedarf gesamtgesellschaftlicher Aufmerksamkeit. Auch wenn sie als sichtlich ökonomische Problemfälle daher kommen, bleiben sie ein hochgradig politisches Projekt.

44 *Albrecht Göschel: Stadtumbau – Zur Zukunft schrumpfender Städte vor allem in den neuen Bundesländern. In: Bundesamt für Bauwesen und Raumordnung (Hrsg.): Informationen zur Raumentwicklung, Jg. 2003, Heft 10/11*

TRANSFERGESELLSCHAFT

Bevor jetzt entrüstete Widerrede einsetzt: Der Staat ist ja ohnehin in den Neuen Ländern unentwegt aktiv. Da soll gar nicht noch einmal der unselige staatliche Steuerverzicht zur Anstachelung des völlig bedarfsblinden Nachwende-Baubooms angeprangert werden. Doch auch keine nennenswerte Industrieansiedlung in den letzten zehn Jahren wäre ohne dringliche Intervention „allerhöchster Stellen", in erster Linie jedoch ohne Zugabe von Steuergeldern zustande gekommen. Warum etwa BMW seine europaweit ausgeschriebene Standortwahl 2001 ausgerechnet zugunsten Leipzigs traf, lag klar auf der Hand: Nicht die Nähe zu den lokalen Märkten, geringere Lohnkosten oder gut ausgebildete Fachkräfte hatten den Ausschlag gegeben, sondern vor allem eines: üppige Subventionen. Die sollten dem *Global Player* im erfolgreichsten Jahr seiner Firmengeschichte das Engagement in Sachsen mit 419 Millionen Euro versüßen, von denen die EU-Kommission letztlich 363 Millionen bewilligte, was immer noch mehr als 30 Prozent der Gesamtinvestition ausmachte.[45]

Mit gigantischen Transfers wird so im Osten der Anschein eines *Business as usual* aufrecht erhalten, wird Marktwirtschaft gespielt. Über dem Ausmaß der Subventionsabhängigkeit ruht im Gelingensfalle, etwa beim Chemiepark Bitterfeld oder den Autofabriken in Sachsen und Thüringen, vornehmes Schweigen (welches nur ausnahmsweise gelüftet wird – etwa wenn nach allzu üppigen Staatsbeihilfen für seine sächsischen Werke der VW-Konzern wegen Wettbewerbsverzerrung vor den europäischen Kadi zitiert wird). Erst wenn es schief geht, kommen die hanebüchenen Verluste der Bundes- und Landeskassen ans Licht. Wie im Land Brandenburg, das durch allzu freigiebige Lockangebote innerhalb von 13 Jahren über eine Milliarde Euro verschleuderte und dabei im Sommer 2002 seine wohl schwärzeste Dekade erlebte: Innerhalb einer Woche ging zuerst der *Cargo-Lifter* in Brand nahe beim Spreewald in Konkurs und dann, nicht einmal 50 Kilometer entfernt, auf einer ehemaligen Tagebaukippe bei Klettwitz der *Lausitzring*. Bei den Luftschiff-Träumen unterm weltgrößten freitragenden Hallendach verlor das Land seinen Einsatz von 48,5 Millionen Euro, für die Formel-I-taugliche Rennstrecke hatte es mit 123 Millionen drei Viertel der Baukosten

45 Vgl. Wolfgang Schroeder: Leipzig und BMW: Standortwettbewerb durch Clusterbildung. In: Tanja Busse/Tobias Dürr, a.a.O., S. 120 ff.

Gasthaus zur Hoffnung

übernommen (von den dafür versprochenen 1.500 Arbeitsplätzen im Regelbetrieb allerdings nur 48 wirklich bekommen). Das teuerste Hasardspiel ging Ende 2003 in Frankfurt (Oder) bitter zu Ende, wo für eine Chipfabrik 500 Millionen Euro buchstäblich in den Sand gesetzt wurden und die lukrative Technologie gleich noch an die treulosen „Geschäftsfreunde" mitverschenkt wurde. Andererseits bestreiten in diesem Bundesland nach Angaben des Arbeitsministeriums inzwischen 44 Prozent der Bürger ihren Lebensunterhalt aus den sozialen Sicherungssystemen. Man stelle sich einmal vor, was die von jahrelangen Haushaltssperren gemarterten Landkreise und Kommunen Brandenburgs schon mit Teilen der genannten Verlustsummen hätten konstruktiv beginnen können.

Unter ökonomisch versierten Planern gilt inzwischen als ausgemacht, dass Praktiken der Wirtschaftsförderung, die derart konventionell auf nichts als Wachstumshoffnungen setzen, in chronisch strukturschwachen Regionen die negativen Wirkungen der Peripherisierung eher noch verschärfen. Doch selbst bei weniger Pleiten bliebe ein solch gigantischer Mitteleinsatz, wie sich heute überall zeigt, ohne spürbaren Beschäftigungseffekt. Wäre also stattdessen eine „Direktfinanzierung" der von eigenem Broterwerb Ausgeschlossenen nicht einfacher, effektiver und vor allem – ehrlicher? Frühere, im neoliberalen Aufwind aus dem Blick geratene Diskussionen über eine Mindest-Existenzsicherung für jedermann gewinnen erneut an Aktualität angesichts einer stetig wachsenden Zahl von Menschen, denen die Aussicht auf auskömmliche Erwerbsarbeit mehr oder weniger dauerhaft verbaut ist. Der uns allen noch ehern eingebläute Grundsatz, dass nur derjenige leben könne, der auch arbeite, ist durch die exponentiell ansteigenden Produktivitätskurven des EDV- und Automatenzeitalters zumindest in seiner simpelökonomischen Stichhaltigkeit obsolet geworden.

Egal, ob da von *Bürgergeld* oder *Grundeinkommen* die Rede ist, gemeint ist stets dasselbe: In einer vergleichsweise wohlhabenden Gesellschaft (wie es die deutsche allem anderslautenden Lamento zum Trotz noch immer ist) soll jeder Bürger einen Anspruch auf ein in materieller Hinsicht menschenwürdiges Leben haben. Über die Höhe der möglichen Zuwendungen würde das ökonomische Leistungsvermögen der

Gesamtgesellschaft entscheiden, das ja trotz sinkender Beschäftigungsrate keinesfalls nachlässt.[46] Ganz im Gegenteil: Dank ihrer durch steuerliches „Entgegenkommen" oder direkte öffentliche Zuschüsse unterstützten, immens teuren Modernisierungen erlöst die private Wirtschaft wachsenden Mehrwert. Warum steht davon den Rationalisierungsopfern eigentlich kein Anteil zu?[47]

Beinahe noch entscheidender als die letztlich zu verteilende Summe ist der ihr unterlegte Grundsatz striktester Egalität: Auf solch ein Mindesteinkommen hätte jeder ein Anrecht. Eine spezielle Bedürftigkeit müsste nicht unter Androhung von Schikanen oder Ausschluss nachgewiesen werden. Dass ein Kenner der einschlägigen Verhältnisse wie Wolfgang Engler in diesem Zusammenhang ausgerechnet die Ostdeutschen zu „Avantgardisten" einer Existenz jenseits der traditionellen Arbeitsgesellschaft erklärt, spielt ohne jede Ironie auf deren mittlerweile mehr als zehnjährige Erfahrung als Empfänger von Transferleistungen an, genauer: auf das erstaunliche Ausbleiben von Verwerfungen, die ein solch fundamentaler Orientierungswechsel eigentlich hätte erwarten lassen.[48]

In diesem Lichte betrachtet, klingen auch die Gedanken des oben zitierten Münchner Spitzenmanagers plötzlich gar nicht mehr so realitätsfern. Werden die überfälligen Diskurse zur Transfergesellschaft also nicht von den Gewerkschaften, auch nicht von den Linkssozialisten, sondern am Ende aus den Vorstandsetagen eröffnet? Sozialdemokraten, jedenfalls solange sie in Regierungsvollmacht stehen, suchen das Heil auf gänzlich anderen Wegen: Stur wird die tendenzielle Auflösung von immer mehr gesicherten Arbeitsverhältnissen befördert. Kurzfristige Anstellungen *(hire and fire)*, Teilzeitarbeit, Mac-Jobs, Scheinselbständigkeiten, ABM-Karrieren und dergleichen sollen über das unaufhaltsame Schwinden regulärer Festanstellungen mit Normalarbeitszeit hinwegtrösten – eine Leitbildverschiebung, für die Ulrich Beck den Begriff „Brasilianisierung des Westens" geprägt hat.[49]

46 *Etwa 3,5 Prozent vom Sozialprodukt der heutigen Republik, das entspricht allein den Zuwächsen der westdeutschen Wirtschaft, flossen 1990-2000 in den Osten. Dieses Geld hat gereicht, um auch jener Hälfte der ostdeutschen Bevölkerung, die jeweils ohne „richtige" Arbeit war, ein erträgliches Dasein zu ermöglichen. Vgl. Claus Noé: Die große deutsche Illusion. In: Lettre International, Jg. 2002, Nr. 5*
47 *Während einer kurz aufflammenden theoretischen Debatte der SPD war auch Wolfgang Thierse überzeugt, dass „nur die Beteiligung der Beschäftigten an den Produktivitätsfortschritten und am Wachstum über eine Ausweitung der Gesamtnachfrage langfristig verhindern [kann], dass das Arbeitsvolumen stetig sinkt". Wolfgang Thierse: Die Sozialdemokratie muss dem Mainstream widerstehen. In: Frankfurter Rundschau vom 12.September 2003*
48 *Vgl. Wolfgang Engler: Die Ostdeutschen als Avantgarde. Berlin 2002*
49 *Vgl. Thomas Strittmatter: Zukunft der Arbeit – Welche Arbeit? In: IBA Fürst-Pückler-Land (Hrsg.): Dokumentation zur Konferenz „Arbeit" 2.-4. Mai 2001. Großräschen 2001, S. 52 ff.*

Es gab Zeiten, da haben Gewerkschaften Zukunftskongresse veranstaltet, auf denen es um Zeitpolitik und Programme für lebenslanges Lernen ging. 1988 diskutierte der Deutsche Städtetag, angeregt durch Hermann Glasers gleichnamiges Buch, über „Die Chancen einer neuen Tätigkeitsgesellschaft". Auf all diesen Strecken vorwärts tastenden Denkens herrscht inzwischen Funkstille. Und statt im Osten die Chancen für sinnvollere Relationen zwischen Arbeitszeit und Beschäftigungsquote wenigstens einmal experimentell auszuloten, wird dort lediglich das allgemeine Lohnniveau gesenkt.

EXKURSION I

HOYERSWERDA

68 | 69 EXKURSION I

DER REISEARCHITEKT

Lange Jahre leitete Architekt L. die Dependance seiner Bonner Bürogemeinschaft in Hoyerswerda. Jeden Montag fuhr er vom Rhein an die Schwarze Elster, spätestens am Freitagnachmittag war er wieder auf dem Heimweg – eine seit der deutschen Vereinigung vieltausendfach übliche Pendlerexistenz. Zum lange amtierenden Baubürgermeister der Stadt, auch der ein Rheinländer, hatte L. einen guten Draht, weshalb über all die vielen Jahre hinweg sämtliche Planungen für die vormalige Metropole des Lausitzer Kohlereviers ausnahmslos über seinen Tisch gingen. Von seinen ortsansässigen Kollegen hielt L. nicht viel – denen müsse man immer noch zeigen, „wie ein ordentlicher Plan nach bundesdeutschem Recht auszusehen hat". Über die sonstige Bewohnerschaft seines Dienstortes zeigte er sich nur sehr dürftig informiert. Auf die Frage etwa, ob es in der Neustadt von Hoyerswerda eine eigene, gegenüber der Altstadt abweichende bürgerschaftliche Identität gäbe, winkte er nur ab: Das wisse er nicht. „Ich sitze bis spät abends im Büro. Privat kenne ich hier niemanden. Wenn ich was über die Leute wissen muss, frage ich meine Sekretärin."

Fast ein Jahrzehnt lang war Ostdeutschland die gewaltigste Investitionsregion Europas. Ein viele Milliarden schwerer Geldregen ließ Bauwerke in unendlicher Fülle sprießen, am Ende weit über jeden Bedarf hinaus. Allerdings: Der Anteil ostdeutscher Akteure an dem Bauboom verlor sich im Unsichtbaren – die Planungs- wie die Baugeschäfte lagen nahezu durchweg in westdeutschen Händen.

Da wurde 1997 auf einer Tagung der Hamburgischen Architektenkammer eine überraschende Frage gestellt: Müsste nicht „eine spezifische Ost-Biografie in Tateinheit mit der Aufgabe, ein ganzes Land neu zu bauen, eine wie auch immer eigenständige Architektur provozieren?" Merkwürdig – bis dahin war im vereinigten Deutschland diese Frage noch nie öffentlich zu hören gewesen. Um sie überhaupt stellen zu können, musste man in der „Wende" des Herbstes 1989 mehr sehen als nur ein Vorspiel zum eigentlichen „Wunder der Vereinigung". Man hätte die eigenmächtige Erringung von demokratischen Rechten und bürgerlichen Freiheiten als eine unvergessliche kollektive Erfahrung wertschätzen müssen – eine Erfahrung, die nach aller historischen Kenntnis in vergleichbaren Situationen auch zu entsprechendem baukulturellen Ausdruck gefunden hat. Doch aus westlicher Perspektive ist der Osten als eigenständige, durch eigene historische Erfahrung geprägte (Bau-)Kulturlandschaft nie wahr- oder ernstgenommen worden. Weshalb es auch schlicht abwegig erscheinen musste, sich eine neue Baukultur im Osten anders vorzustellen als die durch keinerlei gesellschaftlichen Umbruch irritierte, routinierte Baukultur des Westens. Und die wurde ja flächendeckend geliefert – von den Stars der Szene an den Nobeladressen, von emsigen Vollstreckern der Alltagsgeschäfte bis in jeden Winkel der Provinz.

Die nonchalante Übernahme eines ganzen Landes als Planungsfeld und Mega-Bauplatz kam ins Stocken, als sich zeigte, wie weit Investorenhoffnung und reale Wirtschaftslage auseinander drifteten: Bald gab es keine Kommune, die nicht auf Halden leerer Büroflächen und Wohnungen saß. Ohne sich weiter um die Folgen ihres geschäftigen Treibens zu kümmern, zog sich gegen Ende der 90er-Jahre die Mehrzahl der vielreisenden Planer und Architekten wieder gen Westen zurück. Die einigungsbedingte Sonderkonjunktur war zu Ende.

Wer noch blieb, sah sich mit völlig neuen Problemen konfrontiert. Zwar hatten die erfahrenen „Aufbauhelfer" keine einzige Fehlentwicklung der hektischen Spekulationsphase verhindert, weder die funktionale Entwertung der Stadtzentren, die Zersiedlung der Umlandflächen noch die soziale Segregation vieler Wohnviertel. Doch für die jetzige Krise fehlten ihnen gänzlich die Instrumente. Trotzdem versuchten es einige, schrieben die wachsenden Wohnungsleerstände zuerst schwankender Konjunktur, dann der sozialen Ausdifferenzierung der „DDR-Einheitsgesellschaft" zu. Manche setzten auf Ausbau der Infrastruktur, andere auf Wohnumfeldverbesserung. Doch aus einer Sackgasse konnten sich alle nicht befreien: aus dem Denken in Konjunkturzyklen. Noch immer, so hatten sie es ein Leben lang beobachten können, war auf eine Depression irgendwann auch wieder ein Aufschwung gefolgt. Und für den musste man sich rüsten, musste neue Bedarfe voraussehen und Entscheidungsweichen stellen. Sie nannten das „positiv denken" und hielten es für eine Grundvoraussetzung zur Ausübung ihres Berufs.

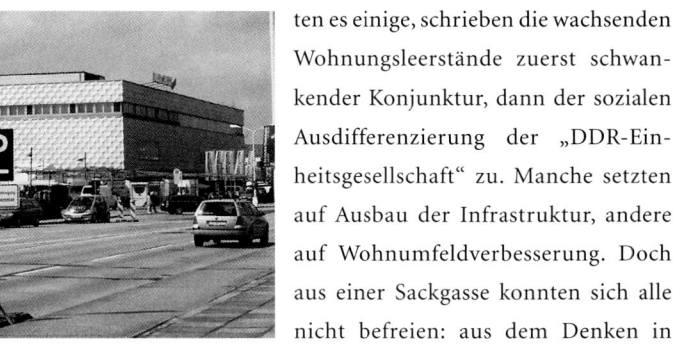

Am Fall von Hoyerswerda lässt sich nun exemplarisch nachzeichnen, wie angesichts von Schrumpfungsszenarien eine andere, längst noch nicht überall geschätzte Berufsvoraussetzung wieder an Bedeutung gewinnt: *lokale Kompetenz*. Unser Reisearchitekt aus dem Rheinland hatte nämlich seinen ganzen beruflichen Ehrgeiz darein gelegt, die von ihm vorgefundene, offen gegliederte Planstadt aus den 60er Jahren durch Elemente der „traditionellen europäischen Stadt" zu korrigieren: So ganz konnte (und wollte) er seinen Abscheu gegen diese „Ausgeburt der Industriemoderne" nie unterdrücken. Schließlich entwickelte er die versponnene Vision einer „Grachtenstadt": Weite Teile der jetzigen Neustadt sollten von Kanälen durchzogen werden, an deren Ufern sich lauter „bessere" Wohnlagen aufreihen, attraktiv besonders für jene gut versorgten Senioren, mit denen die ehemalige Bergarbeiterstadt schon bald als Hauptbewohnerschaft rechnete.

Zur Vorbereitung auf den irgendwann am Horizont erscheinenden Aufschwung (oder zum Trost dafür, dass mit einem solchen doch nicht mehr zu rechnen sei) lebte Architekt L. im konkreten Planungsgeschäft seine private Aversion gegen hohe Häuser aus, weshalb die ersten Abrisse in Hoyerswerda ausgerechnet die zwei dominanten Elfgeschosser hinterm Kaufhaus trafen. Das Signal an die Bewohner konnte fataler nicht sein. Der Rückzugsprozess der Neustadt, über dessen möglichen Verlauf man bis dahin noch kein einziges öffentliches Wort verlautbart hatte, wurde buchstäblich mit der Amputation der „Stadtkrone" eingeläutet.

Nach diesen ersten, irreparablen Verlusten kam es endlich zur öffentlichen Debatte. Die bislang von aller lokalen Planung ferngehaltenen einheimischen Architekten gingen in die Offensive und eröffneten einen völlig neuen Diskurs über die Zukunft ihrer Stadt. „Es ist kein Weltuntergang, wenn eine [allein zur Unterbringung von Kohle- und Energiearbeitern gebaute] Neustadt wegen mangelnder Kohle- und Energiearbeiter ihre Existenz infrage stellen muss. Für die Bewohner aber schon. Die Zweifel, die damit verbundenen Ängste gehören ausgesprochen. Das Gefühl heißt: Verlust. Nicht nur Verlust von Arbeitsplätzen, sondern Verlust von Lebensgefühl, von Selbstwert, von Zukunft. Erst wenn die Leere bewusst geworden ist und einen Namen erhält, kann ‚Trauerarbeit' geleistet werden. [...] Erst in dem Maße, wie das Gefühl der Leere überwunden wird, können neue Visionen angenommen werden. Dann wird auch klar sein, wer gegangen ist, wer bleibt und ob wer hinzu kommt. Ob H. den kompletten Rückzug antritt und in die Bedeutungslosigkeit versinkt oder ob Neuansiedlungen in innovativen Wohn- und Siedlungsformen sinnvoll sind..." **50**

Aus dem Thesenpapier der einheimischen Architekten tritt uns schon per Vokabular eine völlig andere Denkweise entgegen, der grundsätzlich andere Erfahrungshintergrund: *Verlust, Leere, Angst, Trauerarbeit* – lauter „negative" Begriffe, die von Politikern wie von Planern strikt gemieden werden. Sie öffentlich zu formulieren, erfordert Mut. Aber man kommt ohne sie auch nicht aus. Denn erst nach der Trauer, nach dem Loslassen vom Vertrauten, wird der Weg frei für eine angemessene und produktive Sicht auf jene neue Realität, die heute noch ausschließlich *Krise* heißt.

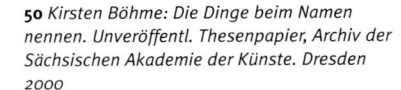

50 *Kirsten Böhme: Die Dinge beim Namen nennen. Unveröffentl. Thesenpapier, Archiv der Sächsischen Akademie der Künste. Dresden 2000*

EXKURSION II

GÖRLITZ UND ANDERE SEHENSWÜRDIGKEITEN

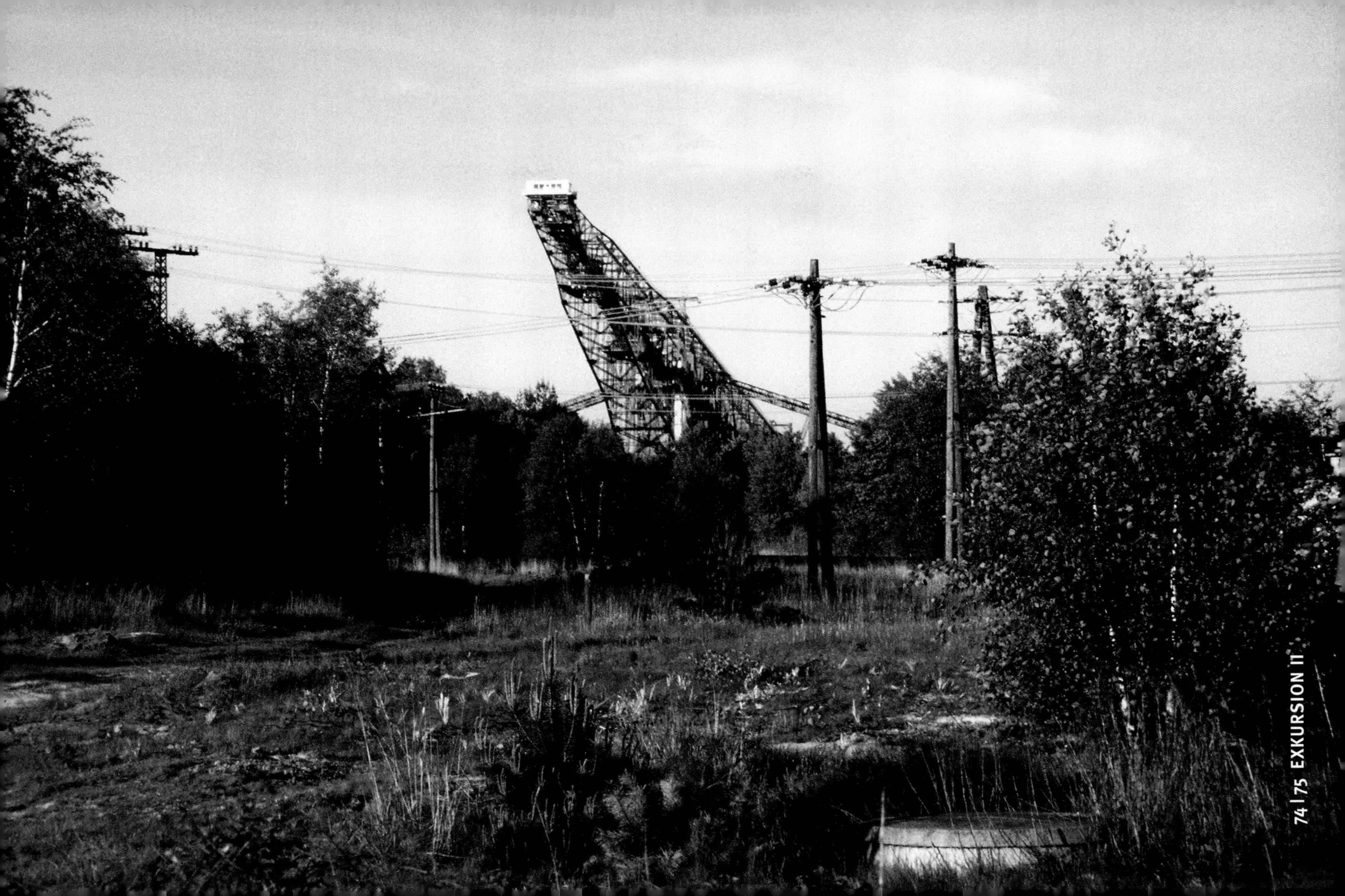

SCHÖNHEIT ALLEIN MACHT NOCH KEINE ZUKUNFT

Als im Sommer 2000 Mitglieder der Sächsischen Akademie der Künste mit Vertretern der Stadt Görlitz diskutierten, notierte das Protokoll u.a. folgende Gesprächspassage:
Herr L./Görlitz: „Es gibt bei uns ein erstklassiges Kulturleben, preiswerte Wohnungen, ein erfahrenes Gesundheitswesen, gute Verkehrsanbindungen. Alles Werte, die die Chance bieten, Rentiers in großer Zahl hierher zu holen. Rentier, das klingt nach gesichertem Einkommen, Wohlstand, Konzertbesuch, Tourismus und Dienstleistung. Notwendig wäre jedoch eine Imagekampagne im Westen für den noch immer diskreditierten Ost-Standort. Ziel sollte es sein, einen wohlhabenden Rentier, beispielsweise aus Baden-Württemberg, dazu zu veranlassen, hierher zu ziehen." *Prof. B./Stuttgart*: „Mit Baden-Württemberg fühle ich mich angesprochen. Vor die Frage gestellt, wo ich mich niederlassen soll, überlege ich, ob ich mir in Marokko ein Haus kaufe oder in Florida. Warum ausgerechnet in Görlitz?" *Prof. T./Dresden*: „Erschütternd! Florida, Mallorca! So denken Fußballspieler oder Tennisspieler über die Anlage ihrer Millionen. Aber es gibt durchaus Dinge, wie die Sonnenorgel, das Schlesische Museum mit der einzigartigen Bibliothek, die einen hierher ziehen können. Leider macht die Stadt darauf nicht genügend aufmerksam. Sonst wäre Kollege B. wohl kaum auf die Idee gekommen, Görlitz mit Marokko zu vergleichen". *Prof. S./Bonn*: „In diesem Spektrum müssen wir jetzt die alte Stadt sehen."**51**

In diesem leicht gereizten Wortwechsel einiger älterer Herren ist schon das ganze Dilemma umrissen. Görlitz an der Neiße, schönste und größte Stadt zwischen Dresden und Breslau/Wroclaw, „Perle der Oberlausitz" und „Tor nach Schlesien", bald 1000-jähriges Juwel der Baukunst und zweitwichtigste Grenzstadt zu Polen: Görlitz steckt in einer beispiellosen Krise, und keiner weiß so recht, wie es weitergehen soll. Die Industrie hat als Daseinsfaktor nur bis zum Ausgang des 20. Jahrhunderts vorgehalten. Mit dem Ende der DDR ging nahezu die gesamte Firmenpalette verloren, insbesondere in der Textil- und Elektrobranche. Der Braunkohletagebau am südlichen Stadtrand wurde 1997 stillgelegt, vom dazugehörigen Großkraftwerk Hagenwerder, das einst zehn Prozent des Strombedarfs der DDR deckte, sind zwei von drei Betriebsteilen spurlos abgeräumt – Verlust 6.000 Arbeitsplätze. Der letzte Produzent von überörtlicher Bedeutung, der kanadische Waggonbaukonzern *Bombardier* mit etwa 1.000 Arbeitsplätzen, hat sich, nach immer wieder aufflammenden Querelen um seine zwei anderen ostdeutschen Standorte Vetschau und Ammendorf, als eher wankelmütiger Zukunftsgarant erwiesen.

Insgesamt ist die Zahl betrieblicher Arbeitsplätze von 17.500 auf 2.300 geschrumpft, Ende 2001 lag die Arbeitslosigkeit bei 23,8 Prozent; Beschäftigungs- und Umschulungsmaßnahmen eingerechnet waren es über 30 Prozent. Schon die geographische La-

51 *Zit. aus den unveröffentl. Gesprächsprotokollen der Akademie*

ge ist kompliziert. Durch die Grenzziehung 1945 hatte die Stadt ihr gesamtes östliches Hinterland verloren. Von Süden und Westen her machen heute die historisch ebenfalls attraktiven Nachbarn Bautzen, Kamenz, Löbau und Zittau Konkurrenz, denen hat Görlitz als „Mittelzentrum im oberzentralen Städteverbund" etliche der lukrativen Landesverwaltungen überlassen müssen. Was ökonomisch aus der Region wird, nachdem die EU-Außengrenze zu Polen gefallen ist, darüber haben Experten alle Spekulationen eingestellt. Für die *Euro-Region Neiße*, das Dreiländereck zwischen Hoyerswerda und Kamenz in Sachsen, Hirschberg/Jelenia Góra in Polen und Reichenberg/Liberec in Tschechien, rechnen Optimisten mit Synergieeffekten. Doch garantieren mag die heute keiner mehr. Viele fürchten den endgültigen Absturz, wenn Brüssel seine Förderprioritäten neu verteilt, eine „Austrocknung zur Transitwüste zwischen den eigentlichen Boomregionen des Westens und den künftigen Wachstumszentren Osteuropas" halten Skeptiker inzwischen für möglich. [52]

GRÜNDERZEITEN

Bislang hatte Görlitz immer Glück gehabt. Im Unterschied etwa zu Dresden oder Chemnitz hatte es keinerlei Kriegszerstörungen gegeben, weshalb die 930 Jahre alte Stadt eine ziemlich kontinuierliche Entwicklung aufweist. Wichtigster Schub war die Industrialisierung, welche der seit 1815 zu Preußen gehörenden Garnison (1810: 8.000 Einwohner) innerhalb des 19. Jahrhunderts eine Verzehnfachung der Bevölkerung bescherte (1910: 80.000 Einwohner). Seit jener Zeit bestimmten Schienenfahrzeuge und Elektromaschinen das Image der Arbeitsstadt. In Erwartung einer grandiosen Zukunft wurde 1847 weit draußen auf freiem Feld ein großer Bahnhof errichtet und der Zwischenraum zur alten Stadt mit respektablen Wohn- und Geschäftsstraßen aufgefüllt. Im Zuge dieser luxuriösen „Gründerzeit" verlagerten sich die Gewichtungen, seitdem hat Görlitz zwei Zentren. Zum einen die *Altstadt* – mit Ober- und Untermarkt, Wehrtürmen, Bastei „Kaisertrutz", spätgotischer Stadtkirche hoch über dem Neißeufer, mit Rathaus, Renaissance-Hallenhäusern und barocken Stadtpalais eine touristische Sehenswürdigkeit von europäischem Rang. Zum anderen die *Gründerzeitviertel* als Einkaufs- und Flanierareal von erstaunlicher Ausdehnung und Geschlossenheit – mit herrschaftlichen Bank- und Geschäftsbauten, bedeutenden Schulen und imposanten Kasernen, einem gravitätischen Stadttheater, einer sehenswerten Stadthalle von Bernhard Sehring (1906-10), mit dem saftigsten Brunnenkitsch der Kaiserzeit sowie dem wohl schönsten noch erhaltenen Jugendstil-Warenhaus Deutschlands. Zu DDR-Zeiten war am überkommenen innerstädtischen Bestand kaum etwas verändert worden, aber natürlich hatte auch

52 Ulrich Schur: Luftsprünge und Abstürze. EU-Förderung Ost auf der Kippe. In: Freitag, Jg. 2002, Nr. 9

Görlitz unter der notorischen Vernachlässigung zu leiden. In der Altstadt verkamen Häuser in bestürzendem Ausmaß. Alles Bauen jener Jahre fand vor den Toren statt, zuerst in Weinhübel an der südlichen, ab den 70er Jahren forciert an der nördlichen Peripherie. Insbesondere dort, in Königshufen, wurden 6.000 Neubauwohnungen in Plattenbauweise errichtet.

Die „Wende" ersparte den Görlitzern nicht nur die Sprengung einiger verfallener Wohnstraßen, sie bescherte ihnen auch eine „Zweite Gründerzeit". Nachdem die Deutsche Stiftung Denkmalschutz nebst anderen einflussreichen Gremien und Personen aus dem Westen ihre Begeisterung für die fast vergessene Schöne so ganz weit im Osten entdeckt hatten, ergoss sich ein wahrer Geldregen über die Stadt. Allein in die vier innerstädtischen Sanierungsgebiete sollen, Privatkapital inbegriffen, nahezu 350 Millionen Euro geflossen sein. Schon bei den ersten Renovierungen war unterm rußigen Grau der Nachkriegsjahrzehnte eine solche Pracht zum Vorschein gekommen, dass fortan nichts leichter schien, als steuersparende Anleger für den Kauf von Wohnungen in Görlitz zu gewinnen. Wohl keine ostdeutsche Stadt hat eine derart umfassende Generalrenovierung erlebt. Bis weit in die Südstadt jenseits des Bahnhofs simulieren noch in Nebenstraßen pastellfarbene Vorderhäuser ehemaliger Mietskasernen und bürgerliche Beamtendomizile das so beliebte wie trügerische Klischee von der „guten alten Zeit".

Exodus

Doch Geschichte wiederholt sich bekanntlich nicht. Diese „Zweite Gründerzeit" war gar keine, denn *gegründet* wurde ja nichts, im Gegenteil, der angestammten Industrie ging es heftig an den Kragen. Und während die alten Arbeitsplätze immer weniger wurden, neue aber nicht wie erwartet auftauchten, setzten drei Bewegungen nahezu gleichzeitig ein:

Besserverdienende Familien mit Kindern (und staatlich geförderten Bausparverträgen) zog es in die Eigenheimstandorte der umliegenden Dörfer. Diese Verluste vermochten auch weitreichende Eingemeindungen 1994 und 1999 lediglich statistisch zu bremsen, denn wer erst mal draußen wohnt und zwischen Stadtrand und Autobahnzubringer die üblichen Einkaufsparadiese vorfindet, der bleibt der Stadt dauerhaft als Alltagsnutzer verloren. Jener Kaufkraftabzug hatte merklichen Anteil daran, dass in der Altstadt bald nicht nur massenhaft Wohnungen leer standen, sondern in den aufwändig restaurierten Bürger- und Handelshäusern eine neuerliche Handelsstruktur nicht so recht auf die Beine kommen wollte.

Zugleich begann sich speziell die Innenstadt zu entleeren. Weil hier die Wohnungen nicht nur besonders groß, [53] sondern auch schwer auf heutige Wohnbedürfnisse anzupassen sind, und weil häufig der Modernisierungsaufwand unter Denkmalschutzauflagen die Kosten selbst bei Förderung ziemlich in die Höhe

[53] *Im Gründerzeitbereich sind Wohnungsgrößen von 120-160 m² eher die Regel als die Ausnahme.*

trieb,**54** war derart aufwändig wiederhergestellter Wohnraum für die bisherigen Bewohner in der Regel nicht, aber selbst für erwartete Neuinteressenten kaum noch erschwinglich. Das betrifft übrigens beinahe alle ostdeutschen Innenstädte und führt, selbst in Sanierungs- und Milieuschutzgebieten nur mäßig gemildert, regelmäßig zur *Gentrifizierung*, d.h. zur Verdrängung ärmerer Mieter, solange zahlungskräftige Neumieter nachdrängen. Bleiben die aus, versuchten bisher die meisten Anleger, ihre Investition durch Abwarten zu retten – mit dem Ergebnis, dass Leerstand zum Dauerschicksal wurde.

Die dritte Gruppe der Fortzügler machte sich verstärkt seit 1997 bemerkbar, statt Abwanderer sollte man sie besser Auswanderer nennen: Vornehmlich junge, gut ausgebildete und motivierte Facharbeiter und Studienabsolventen geben sich in ihrer Heimatregion keine Chance mehr und ziehen davon, der erhofften Karriere oder einfach nur einträglicher Arbeit hinterher, zumeist in den Süden oder Südwesten der alten Bundesrepublik. Auch mit diesem Prozess liegt Görlitz voll im Trend, weisen doch sämtliche Wirtschaftsdaten das Jahr 1996 als den Höhepunkt der „nachholenden Entwicklung" Ostdeutschlands aus. Danach begannen Investitionen, Produktivität, Bruttoinlandsprodukt und Einkommen wieder zu sinken, die strukturelle Arbeitslosigkeit verfestigte sich in strukturschwachen Regionen auf hohem Niveau.

Rechnet man zu diesen Wanderungsverlusten noch den allgemeinen Geburtenrückgang hinzu, kommt man auf ein wahrlich deprimierendes Szenario: Von vormals 85.000 Einwohnern ist Görlitz inzwischen bei ca. 60.000 angekommen, mehr als jeder Sechste hat im letzten Jahrzehnt die Stadt verlassen. Prognosen rechnen für 2015 mit einer Einwohnerzahl von 52.000 – wenn die Abwärtstrends so „moderat" bleiben wie bisher.

Auch wenn die Leute gehen, die Häuser bleiben da. Kurz vor der Jahrtausendwende schrillten die Alarmglocken: Mit 48,3 Prozent Leerstand in der Altstadt (bei 27 Prozent für die Gesamtstadt) nahm Görlitz einen Spitzenplatz unter den vom Exodus geplagten Städten Ostdeutschlands ein.**55** Und die Neubaugebiete Königshufen und Weinhübel widerlegten mit ihren jeweils „nur" zehn Prozent Leerstand das gängige Vorurteil von der Unbeliebtheit der „Platte" in schon grotesker Umkehrung. Genauere Analysen lassen für einzelne Stadtgebiete nun unterschiedliche Entwicklungschancen erwarten.

Die guten Nachrichten zuerst: Es gibt wieder Zuzüge in der Altstadt und den zentralen Gründerzeitquartieren. Langfristig könnten bestimmte Gruppen – Singles, junge Paare, Hochqualifizierte – eine Stabilisierung der jetzt noch gefährdeten Denkmalbereiche bewirken. Deutlich beliebt ist die Nicolaivorstadt, eine nördlich der Altstadt gelegene Senke mit kleinen Hauseinheiten in pittoresken Kleinstadtstraßen. Dort kommt auf ein

54 *Nach Erfahrungen des Planungsamtes kostete die denkmalgerechte Sanierung eines der Renaissance-Hallenhäuser rund um den Untermarkt zwischen drei und vier Millionen Euro.*
55 *Die Zahlen sind dem „Integrierten Stadtentwicklungskonzept der Stadt Görlitz" entnommen. Sie basieren auf Erhebungen des Jahres 1999, es ist also von einer noch weiteren Verschärfung der Situation auszugehen.*

Haus eine Familie (maximal mit Einliegerwohnung), was gewissermaßen Reihenhausqualität in City-Nähe ergibt, die für potenzielle Häuslebauer interessant zu sein scheint.

Doch dann die schlechte Nachricht: Die Beliebtheit der Plattenbaugebiete erweist sich leider als eindimensionale Begeisterung. Es sind die Alten, die unbedingt dort bleiben wollen, während Jüngere sich emotional längst nicht so gebunden fühlen; von außen kommt so gut wie keiner mehr hinzu. Trotzdem können die Stadtplaner kaum steuernd eingreifen, denn dafür bräuchten sie Partner, die zur Kooperation bereit sind. Doch die einzig relevanten Großeigentümer – die kommunale Gesellschaft, die Genossenschaft und ein privater Zwischenerwerber – sind ausschließlich in der „Platte" aktiv und werden von diesen noch leidlich gut besetzten Beständen für Abrisse freiwillig nichts hergeben. Denn es liefe auf ihre existenzielle Auszehrung hinaus: Erst beim völligen Verzicht auf sämtliche Plattenbausiedlungen käme der Nachfragedruck zustande, den die Innenstadt inzwischen zu ihrer Revitalisierung nötig hat. Die Situation ist verfahren: Was Bund und Land dringend empfehlen – Vernichtung überzähliger Wohnungen – wäre wohl am ehesten dort „draußen" vorstellbar, ist aber unter der gegebenen Besitzverteilung niemandem abzuverlangen. Und so darbt die Innenstadt weiter hinter leeren Fenstern, während sich in Königshufen und Weinhübel ein Stadtmodell konserviert, dessen Endlichkeit schon ziemlich genau vorgezeichnet ist.

Bei allem geht es um einen Wettlauf mit der Zeit. Die traditionellen Mechanismen der Wohnungspolitik bzw. der planerischen Steuerung sind ausgereizt. Auf den Hauptfaktor städtischer Entwicklung – den Arbeitsmarkt – hat man vor Ort nur marginalen Einfluss, seit Globalisierung keine abstrakte Vokabel mehr ist und die letzten Produzenten von überörtlicher Bedeutung transatlantisch gesteuert werden: Die Waggonbauer bei *Bombardier* empfangen ihre Order aus Montreal, über das Schicksal von *Goretex* wird in den USA entschieden. Von der Zukunft ist nur sicher, dass hier dank EU-Erweiterung „eine Mauer fällt", mit völlig unberechenbaren Konsequenzen. Festbinden und in leer stehende Altstadthäuser per Dekret einweisen kann man die Leute nicht. Und ob die jetzt noch am anderen Neißeufer im überfüllten Zgorzelec Ausharrenden dem Leerstand auf deutscher Seite deutlich abhelfen werden, wenn sie dafür deutsche Mietpreise aufbringen müssen, ist eher fraglich. Das macht die Krise so fundamental: Wenn die Überlebensinteressen der Menschen und die Existenzbedingungen der historisch überlieferten Stadt nicht mehr zur Deckung kommen, muss die Stadt auf neue Weise eine Begründung finden. Oder sie steht zur Disposition.

Rettungsanker Freizeitindustrie

Die endogenen Potenziale einer bald nur noch mittelgroßen Landstadt ohne Zentrumsfunktion reichen nicht weit. Sich als Ort der Lehre und Ausbildung zu profilieren, wie es mit einem Fachhochschul-Campus für maximal 3.000 Studenten, einem Berufsbildungszentrum mit 3.000 Plätzen sowie einem überregional ausstrahlenden „Fortbildungszentrum für Handwerk und Denkmalpflege" bisher versucht wurde, kann angesichts der lokalen Arbeitsmarktlage wie auch der letztlich geringen Schülerzahlen im Dreiländereck nur wenig Hoffnung machen. Da erscheint es dann beinahe unvermeidlich, auf Tourismus zu setzen, auf jene Strategie, die „dem Niedergang der klassischen Industriegesellschaft wie ein Schatten folgt", wobei nicht nur Wolfgang Engler feststellt: „Je geringer die Aussichten auf wirtschaftliche Wiederbelebung, desto kühner die Spekulationen." Immerhin: Görlitz ist viel größer, viel schöner und wegen seiner 2.600 Baudenkmale aus Renaissance, Barock, Gründerzeit und Jugendstil kulturhistorisch viel wertvoller als etwa Rothenburg o. d. Tauber – jenes notorische Mekka des Altstadttourismus in Deutschland. Trotzdem werden die Görlitzer den Rothenburgern das einträgliche Geschäft mit japanischen und amerikanischen Reisegruppen kaum streitig machen. Denn auch der ersehnte Fremdenverkehr folgt heute neuen Regeln und global vernetzten Routen. Touristische Aufmerksamkeit für Deutschlands östlichste Stadt ließe sich bestenfalls im Sightseeing-Verbund mit den jetzt schon attraktiven Besuchermagneten Dresden und Wroclaw/Breslau erlangen. Die nächste Option für Görlitz hieße schon nur noch „Sprungbrett ins Riesengebirge". Nicht umsonst gilt Tourismus heute als Industriezweig, d.h. Standortvor- oder -nachteile werden vorrangig logistisch, durch die Position im Verkehrsnetz bestimmt. Da hat ein Reiseziel fernab aller kontinentalen Haupttrampelpfade nur geringe Chancen.

Noch gnadenloser geht es bei der Vermarktung von Landschaften zu. In einem Strategiepapier der IBA Fürst-Pückler-Land wurden die gängigen Denkfiguren beim Griff zum „Rettungsanker Freizeitindustrie" auf besonders drastische Weise sichtbar: Bei dem Versuch, die produktionstechnisch überflüssig gewordene Lausitzer Tagebauregion als *Erlebnislandschaft* für Gutverdiener aus Dresden, Berlin und möglichst noch weiter zu vermarkten, wurde an eine vergleichsweise enge Zielgruppe gedacht, „an die Kulturreisenden in Europa, die alle Sehenswürdigkeiten in den großen Metropolen schon kennen [...] Es sind schließlich Menschen, die sich bewusst von den langweiligen Freizeitverhaltensformen absetzen wollen, um in neue Erlebniswelten vorzudringen und über diese ihre Persönlichkeiten individualisieren". Im Klartext waren damit „Trendsportler" gemeint, Enthusiasten für Fallschirmspringen, Paragliding, Bungy-Jumping, Surfen, Motorrennsport, Landroving, Trekking, Free-Climbing usw., lauter Hobbys, denen eine gewisse Gleichgültigkeit gegenüber Schönheit, Unberührtheit, Weite der Natur gemeinsam ist, jenen Werten also, um derentwegen der Landschaftserhalt ja überhaupt zum zentralen Thema der Lausitzer IBA wurde. Doch man war bereit, sich mit diesen motorisierten Rowdys und ignoranten Banausen einzulassen, schließlich handele es sich „um eine Touristengruppe mit hoher Ausgabewirksamkeit am Zielort. Der Lebensstil und das Freizeitverhalten dieser Gruppe ist mit ‚teuren Produkten' verbunden". [56]

Glücklicherweise hat sich dieses „Strategiepapier" in den weiteren Aktivitäten der IBA nicht erkennbar ausgewirkt. Es sei hier aber trotzdem zitiert, weil sich darin ein verbreitetes Wunschdenken offenbart: Die hochgestochene Zielgruppenerwartung ist es, die derartige „Planungen" als Spekulationen entlarvt. Bei der IBA Emscherpark, dem westdeutschen Vorläuferprojekt, hatte man für die kulturelle Konversion des Ruhrgebiets mit durchschnittlich zahlungskräftigen Besuchern aus dem verkehrsmäßig ideal erschlossenen Großballungsraum zwischen Basel und Rotterdam gerechnet. Damit dürfte die Attraktion „Industriekultur als Freizeitfaktor" vermutlich ausgeschöpft sein. Wie viele ähnlich verfasste Projekte können sich auf unserem Teil des Kontinents daneben noch behaupten?

Allzu viele allzu ähnliche Unternehmungen bringen sich gegenseitig zu Fall. Erinnert sei nur an die Kinobranche, deren zahllose Multiplexe sich durch *Overscreening* selbst an die Existenz gegangen waren, oder an die Planschparadiese: 2001 erlangte Ostdeutschland den zweifelhaften Rang der „Region mit der größten Spaßbad-Dichte Europas", weshalb kaum einer der stets mit viel Vorschusslorbeeren (und noch mehr öffentlichen Geldern) errichteten Badetempel sich auf Dauer finanziell halten kann. „Was wir brauchen, sind Arbeitsplätze, damit sich die Menschen Freizeit leisten können",[57] wetterten die (insolventen) Erfinder des *Cargolifters* gegen den Verkauf ihrer imposanten Montagehalle an ein internationales Konsortium, das unter dem gigantischen Textildach das weltgrößte *Indoor*-Tropenparadies einzurichten versprach – tief in den Kiefernwäldern Südbrandenburgs.

Natürlich lauert die Frage überall, doch wird sie von der prekären ostdeutschen Realität mit besonderer Dringlichkeit erzwungen: Gibt es überhaupt genügend Interessenten für die vielen Naturschönheiten und Perlen historischer Baukunst, die jetzt allenthalben auf ihre touristische Entdeckung hoffen? Und wenn ja – werden sich diese Reiselustigen auch in Zukunft noch ein kostenintensives Freizeitverhalten leisten können? Spätestens die Debatten über den Umbau der Sozialsysteme (von dem auch „besserverdienende" Großstädter nicht ungeschoren blei-

56 *Internationale Bauausstellung Fürst-Pückler-Land – Bericht der strategischen Kommission. Großräschen 2000.*
57 *Tropen-Pläne sorgen für Entsetzen. In: Berliner Zeitung vom 23. Juni 2003*

ben) legen eine eher pessimistische Antwort nahe: Im erforderlichen Umfang ist zahlungskräftige Nachfrage nicht in Sicht. Nun spricht dieser Befund weder gegen den Erhalt wertvoller Altstädte noch gegen die Pflege natürlicher Landschaften. Er spricht nur gegen das betriebswirtschaftliche Kalkül, die einen oder die anderen könnten sich demnächst ökonomisch selber tragen.

Machen wir uns nichts vor: Von Schönheit allein kann vielleicht Venedig leben. Somit steht die Mehrzahl der bedeutsamen Altstädte Ostdeutschlands vor dem gleichen Problem. Im „Land der angehaltenen Zeit" (Heiner Müller) von allzu groben Nachkriegsmodernisierungen verschont, ist ihnen mit der Deindustrialisierung die *raison d'être* abhanden gekommen. Die Frage, was aus ihnen werden soll, stellt sich angesichts der Vielzahl der Krisenfälle mit dramatischer Schärfe. Nur 50 Kilometer von Görlitz entfernt ist in Hoyerswerda – realistisch betrachtet – die ganze Neustadt aus der Ära der Braunkohle- und Energiewirtschaft überflüssig geworden. Weil es sich durchweg um Montagebauzeilen der funktionalistischen Moderne handelt, sind dort die Abrissbagger schon am Werk. Aber auf die „Perle der Oberlausitz" verzichten? Oder auf Stralsund? Auf Brandenburg a.d. Havel, Kamenz, Sangerhausen, Torgau, Luckau, Altenburg? Nicht auszudenken! Andererseits – wer soll, wer kann sie (noch) alle unterhalten?

Die Görlitzer selbst sind mit diesen Fragen letztlich überfordert. Zu viele Entscheidungen über ihr Schicksal fallen an für sie unerreichbaren Orten. Deshalb hatte ihr Oberbürgermeister recht, als er sich vor vier Jahren mit einem Alarmruf **58** an die gesamtdeutsche Öffentlichkeit wandte. Die Gesellschaft als Ganzes muss sich fragen, was ihr Zeugnisse der deutschen Bau- und Kulturgeschichte wert sind und wie – bei erklärter Unverzichtbarkeit – deren Erhalt zu sichern wäre. Diese Verantwortung an private Sponsoren oder Stiftungen zu delegieren, wird bei der Menge gefährdeter Objekte und Ensembles nicht weit führen. Und wie gerade Görlitzer Erfahrungen zeigen, liegt es ja am Geld nicht allein: Sind es doch straßenweit die schon fertig renovierten Häuser, für die sich keiner mehr interessiert. Nur: Die Zeit drängt. Auch Abschreibungsrenditen laufen irgendwann aus, und die Uhren des Verfalls ticken unbarmherzig. Schlägt die Suche nach neuem Sinn für die überflüssig gewordenen Städte fehl, werden wir auch in unserer reichen Gesellschaft ähnliche Verfallsszenarien erleben, wie sie im Endstadium der DDR die Gemüter erregten. Im Görlitzer Planungsamt kann man sich an die entsprechenden Strategien noch gut erinnern: „Die Dächer sind das wichtigste. Erst mal sichern und dann alles irgendwie über die Zeiten bringen..."

58 *„Wir rufen unsere Landsleute in ganz Deutschland auf, unsere Stadt zu besuchen. Kommen Sie nach Görlitz! Görlitz braucht mehr Einwohner, mehr Arbeitsplätze, mehr Touristen!" (Öffentlicher Appell des Oberbürgermeisters Rolf Karbaum vom Sommer 2000)*

EXKURSION III

HALLE-NEUSTADT

84 | 85 EXKURSION III

KLEINKRIEG UM DIE MIETER

20.000 Wohnungen neu zu bauen, ist eine politische, planerische, unternehmerische und logistische Meisterleistung. 20.000 Wohnungen einfach verschwinden zu lassen, ist eine Aufgabe, über deren Bewältigung bislang kaum jemand nachgedacht hat.

Auch in der Richard-Paulick-Straße hatte es drei Aufgänge erwischt. An einem Montag gegen Mittag blieb das warme Wasser weg. Zum Glück war das Wetter ziemlich heiß, da stand den meisten ohnehin der Sinn eher nach Abkühlung. Trotzdem: Mürrisch oder resignierend, je nach Temperament, konnten die Abgeschalteten zwei Tage später in der Lokalzeitung von dem zähen juristischen Streit lesen, den die Verwalter ihrer Häuser mit dem Energieversorger führten. Streitgegenstand: unbeglichene Rechnungen. Auch wenn der Reporter dezent auf Schlussfolgerungen verzichtete, war zwischen den Zeilen unschwer zu erkennen: Den Hausverwaltern stand finanziell das Wasser bis zum Hals.

Wieder einmal war an diesem Julitag für vier Wohnhäuser von Halle-Neustadt der Ernstfall spürbar näher gerückt. Wieder einmal standen 350 Mietparteien vor der bangen Frage, ob der Eigentümer ihrer Wohnungen noch zahlungsfähig sei. Oder würde auch ihr Haus bald zu jenen Unglücksadressen zählen, die herrenlos einer ungewissen Zukunft entgegensehen? Was würden sie als nächstes erleben müssen – Stilllegung des Fahrstuhls, Einstellung aller Wartungs- und Reparaturarbeiten? Nichts von all dem ist mehr undenkbar. Selbst das Kaltbleiben der Heizkörper, Albtraum aller Hochhausbewohner, war in der Nachbarschaft schon vorgekommen. Im September 2001, kurz bevor der Herbst so richtig ungemütlich wurde, hatte mit dieser bösen Überraschung für zwei Blocks entlang der Neustädter Magistrale die letzte, die dramatische Phase eines zähen, aber stetigen Niedergangs begonnen, dessen Anfänge bis Mitte der 90er Jahre zurückreichten. Die beiden Zehngeschosser direkt gegenüber der Schwimmhalle hatten zu den ersten gehört, die die Gemeinnützige Wohnungsbaugesellschaft (GWG) an eine Anlagegesellschaft verkaufte. Zur Sanierung ihrer vielen Plattenbauten brauchte die GWG, als Nachfolgerin des einstigen VEB Gebäudewirtschaft größter Wohnungsbesitzer der Neustadt, dringend Geld. Außerdem sollte die Privatisierung die Altschuldenlast senken. Die so genannten Zwischenerwerber veräußerten ihren frisch erstandenen Besitz alsbald weiter, und so ging das noch ein paar Mal, bis niemand mehr so recht durchsah, wer denn nun aktuell das Besitzrecht über die insgesamt 240 Wohnungen ausübte. Entnervt vom ständigen Wechsel der Ansprechpartner und Mietzahlungskonten zogen immer mehr Bewohner aus den beiden Häusern davon. Im Stadtplanungsamt kann man sich dunkel erinnern, dass wegen der Sorgenobjekte zwischen 2000 und 2001 irgendwann nicht mehr mit Eigentümern, sondern mit einer Bank zu korrespondieren war. Also musste, so schlussfolgerten die Amtsmitarbeiter, zwischenzeitlich ein Konkurs stattgefunden haben. Als dann gar das kleine süddeutsche Kreditinstitut, dem jetzt offenbar die beiden Leerstandskandidaten zugefallen waren, in Schwierigkeiten geriet, kümmerte sich niemand mehr um die zwei Immobilien am Saalestrand. Dort gab das plötzliche Ende der Fernheizversorgung den letzten Mietern das Signal, sich schleunigst nach neuer Bleibe umzusehen, wodurch sich innerhalb weniger Wochen die restliche Bewohnerschaft in alle Winde zerstreute. In den herrenlosen Gebäuden begann ein jugendlicher Feuerteufel sein Unwesen zu treiben. Nachdem der gefasst und verurteilt war, fanden andere Spaß am Zündeln: Am Ende musste bald jede zweite Nacht die Feuerwehr ausrücken. Die Fassaden des einen Blocks sind seither von den schwarzen Schmauchfahnen der Wohnungsbrände grässlich gezeichnet, in der Presse wie im Neustadt-Slang hieß der Zehngeschosser bald nur noch „die Ruine". Nach Monaten solch gesetzlosen Treibens reichte es dem Ordnungsamt: Am 19. Februar 2003 wurde die „Verschließung des Gebäudes" befohlen. Bauhandwerker kamen und mauerten die breiten Eingänge zu.

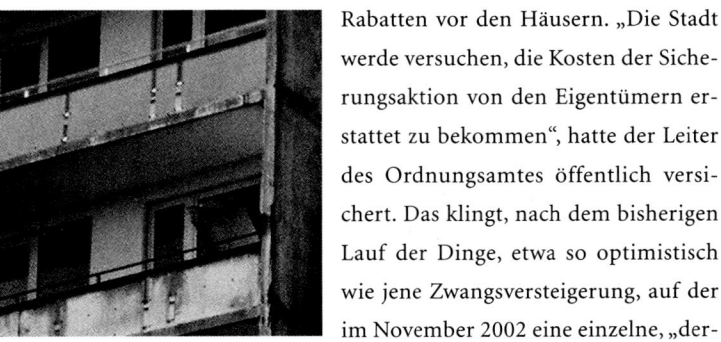

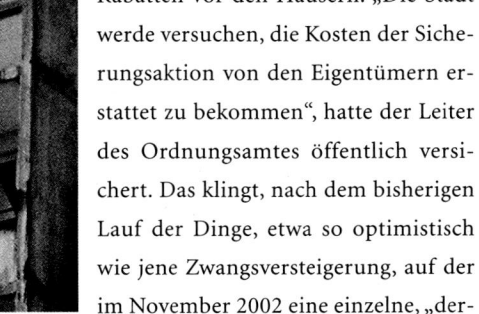

Schmähliches Ende einer ehemaligen 1A-Adresse. Was bleibt, sind vandalistisch zertrümmerte Briefkastenanlagen unter den Eingangsvordächern, aber ordentlich gepflegte Rabatten vor den Häusern. „Die Stadt werde versuchen, die Kosten der Sicherungsaktion von den Eigentümern erstattet zu bekommen", hatte der Leiter des Ordnungsamtes öffentlich versichert. Das klingt, nach dem bisherigen Lauf der Dinge, etwa so optimistisch wie jene Zwangsversteigerung, auf der im November 2002 eine einzelne, „derzeit nicht vermietete" Dreizimmerwohnung unter den Hammer kommen sollte – Verkehrswert 2.000 Euro! Zwar konnten nur eingeweihte Neustädter an der Adresse erkennen, dass es sich wohl um ein Appartement im Feuerteufel-Haus handeln müsste, aber immerhin war im Angebot fairerweise der Hinweis vermerkt, dass die gesamte Wohnanlage irgendwann demnächst zum Abriss vorgesehen sei. Leute, kauft Wohnungen, die keiner mehr braucht!

DIE MODERNE ALS RÜCKBAURESERVE

Willkommen auf den Schauplätzen des „Stadtumbau Ost"! Mit 20 Prozent stadtweitem Leerstand zählt Halle an der Saale, die größte Stadt Sachsen-Anhalts, zu den besonders von Verlusten betroffenen Städten. Von 329.000 Einwohnern, die 1989 in Halle und Halle-Neustadt insgesamt lebten, sind heute noch rund 239.000 da. Innerhalb des letzten Jahrzehnts haben 90.000 Menschen die Doppelstadt verlassen! Und der Exodus geht weiter. Im Rathaus rechnet man für 2010 mit 208.000 Bürgern, das statistische Landesamt sogar nur noch mit etwa 200.000. Von 153.000 insgesamt vorhandenen Wohnungen fanden bis Dezember 2002 etwa 30.500 keine Mieter mehr. Um diesen Überhang bis zum Jahr 2010 nicht noch einmal um die Hälfte anwachsen zu lassen, sieht die Stadtentwicklungskonzeption für ganz Halle den Abriss von 20.000 Wohnungen vor. Obwohl ausgerechnet in der Altstadt lange Straßenfronten mit leeren oder zugenagelten Fensterhöhlen die eigentlich erschreckenden Bilder des Verfalls präsentieren, soll der Löwenanteil der geforderten „Marktbereinigung" in den Plattenbaugebieten stattfinden, ganz vorneweg in Silberhöhe und in Neustadt.

Halle-Neustadt, 1964 als Erweiterung der altehrwürdigen Universitätsstadt gegründet für Zehntausende Arbeiter von Leuna, Buna und den übrigen Chemiewerken ringsum, war entworfen worden unter Federführung jenes Richard Paulick, nach dem jetzt eine Straße im Wohnkomplex II benannt ist. Paulick war einst Büroleiter des Bauhausdirektors Walter Gropius gewesen, nach Shanghai ins Exil gegangen und nach dem Krieg in die DDR gekommen. An der Berliner Stalinallee hat er zwei der legendären Arbeiterpaläste gebaut, dann als perfekte Knobelsdorff-Nachempfindung die Staatsoper Unter den Linden neu errichtet. Mit dem Masterplan für die „Chemiearbeiterstadt" durfte Paulick endlich zu den Idealen seiner frühen Jahre zurückkehren: Die „Stadt der Zukunft" sollte licht, luftig, funktional gegliedert und reich durchgrünt sein. Halle-Neustadt war so modern, dass die Straßen nicht mal Namen bekamen, sondern Block für Block durchnummeriert wurden – alles zum Lobe der Kybernetik.

Nach Eisenhüttenstadt und Hoyerswerda war Halle-Neustadt die dritte Neugründung der DDR, mit am Ende knapp 91.000 Einwohnern bei weitem die größte. Was Ausstattung und architektonische Vielfalt vor allem des großzügigen Zentrums betrifft, war es auch die „urbanste", weshalb man die Arbeiterwohnsiedlung in den 70ern zur eigenständigen Stadt ausrief. Noch heute ergeben Befragungen überraschenderweise hier eine durchgängig höhere Wohnzufriedenheit als etwa in der Altstadt mit ihren unaufgeräumten Winkeln und stellenweise immer noch heruntergekommenen Buden.

Ihre Souveränität gaben die Neustädter 1990 freiwillig auf, um gemeinsam mit Alt-Halle zur größten Kommune und dadurch vielleicht Landeshauptstadt Sachsen-Anhalts zu werden – ein vergebliches Hoffen, wie sich erwies. Genauso umsonst blieb alles Warten auf das versprochene Erblühen der Landschaften. Von der einst alles bestimmenden Chemieindustrie haben sich nur Kerne erhalten, und die sind jetzt so modernisiert, dass sie fast ohne Arbeiter auskommen. Auf dauerhaft 20 Prozent hat sich die Arbeitslosigkeit in Halle insgesamt eingependelt, Neustadt liegt da etwa im Durchschnitt, bei der Abwanderung jedoch deutlich darüber. Ein Drittel aller Neustädter ist seit der „Wende" weggezogen – rüber in die Altstadt, raus in die umliegenden Dörfer, weg in die alten Bundesländer.

Weil es aber zu DDR-Zeiten als Bevorzugung galt, in eine der ferngeheizten Neubauwohnungen jenseits der Saale ziehen zu dürfen, sind die Neustädter heute die etwas ungeliebten „Verwandten zweiten Grades" im Rathaus und dürfen mit ihren Plattenbaubeständen die Abrissquoten des Halleschen Stadtumbau-Programms maßgeblich erbringen.

MANGELWARE MIETER

Zwar sind im Stadtplanungsamt Pläne gezeichnet worden, die unmissverständlich unterscheiden zwischen unbedingt erhaltungswürdigen Nachbarschaften und solchen, die bei Bedarf zum Abbruch freigegeben sind. Doch wer am Ende wirklich zur Tat schreitet und den Abrissbagger bestellt, darauf haben die Planer keinen direkten Einfluss. Allenfalls können sie jeden abblitzen lassen, der für ein Bau- oder Sanierungsobjekt in solch abgeschriebenen Gebieten noch einen Förderantrag stellt. Nicht gerade ein kräftiger Hebel, um die Geschicke der Stadt zu lenken!

Vor allem jedoch kein Instrument zur Zügelung überschießenden Eigensinns. Denn selbst diejenigen, die in erster Linie von dem gigantischen Zerstörungswerk staatlich geförderter Abrisse profitieren und deshalb auch am lautesten danach gerufen hatten – die Wohnungsunternehmen – drücken sich vor den nötigen Konsequenzen. Was das betrifft, geht es Halle-Neustadt nicht viel besser als jedem Altstadtrevier: 21 Unternehmen und Eigentümergemeinschaften sind planerisch unter einen Hut zu bringen (zum Vergleich: in Silberhöhe sind es nur fünf). Zwar existiert eine wohnungswirtschaftliche Plattform, so eine Art Runder Tisch zur Koordinierung sämtlicher Rückbauüberlegungen, doch um wirklich alle Akteure des Neustädter Wohnungsmarktes hier zu regelmäßiger Versammlung zu bewegen, fehlen die Rechtsmittel – es herrscht strikte Freiwilligkeit. Und eben häufig auch das Sankt-Florians-Prinzip: Möge das schlimme Schicksal mich verschonen und lieber meinen Nachbarn treffen. Besonders Clevere versuchen, ihre Verlustobjekte rechtzeitig unbedarften Aufkäufern anzudrehen, und wie man hört, hat das ein paar Mal tatsächlich geklappt – speziell im Südpark-Viertel, das als Ganzes zur Disposition gestellt wurde. Kaum war diese Entscheidung spruchreif, zog sich der Platzhirsch unter den Vermietern dort komplett zurück und sah aus sicherer Ferne zu, wie sein Nachfolger, eine Immobiliengesellschaft aus Dortmund, 1999 mit über 3.000 Wohnungen (davon 33 Prozent leer) in die Pleite rutschte.

Verwerflich wird solche Abschiebungstaktik, wenn ahnungslose Mieter der betroffenen Häuser geködert werden. Haben die sich zum Kauf ihrer Wohnung in einem der so genannten „Nachranggebiete" überreden lassen, kann es geschehen, dass ihr Haus am Ende der allgemeinen Rückbauprozesse allein auf weiter Flur übrigbleibt (denn noch tut sich deutsches Baurecht mit Abrissgeboten schwer).

Obendrein werden sie nie und nimmer einen Nachfolgekäufer für ihren ungemütlich gewordenen Besitz finden; die Kaufsumme geht also in den Wind.

Wie sehr in schrumpfenden Städten die guten Sitten verfallen, zeigte sich in Halle-Neustadt nicht zuletzt an jener spektakulären Anzeigenkampagne, in der einer der größten Privateigentümer in der Lokalpresse die „geheimen Abrisspläne im Rathaus" enthüllte und so die Bewohner potenzieller Abrisshäuser in seine frisch renovierten Objekte umzulenken versuchte. Beinahe verzeihlich wirkt dagegen die sanfte Seelenmassage jener Genossenschaft, die zwar brav an allen Sitzungen im Planungsamt teilnimmt, an ihren Häusern jedoch große Schrifttafeln anbringen lässt, die jedem Bewohner und Passanten blauäugig versichern: „Hier kein Abriss!"

RISIKEN UND NEBENWIRKUNGEN

Es klang noch sehr nach blasser Theorie, als der Präsident des Bundesverbandes der deutschen Wohnungswirtschaft (GdW) auf dem Verbandskongress 2003 angesichts der Krise seiner Branche im Osten schlicht von „Marktversagen" sprach. Doch es geht um mehr als nur staatliche Hilfestellungen beim Überlebenskampf der angeschlagenen Wohnungsunternehmen. Der grausige Anblick rauchgeschwärzter Fensterlöcher gegenüber dem pompösen neuen Stadtteilzentrum in Halle-Neustadt gibt eine Ahnung von den sehr viel weiter reichenden Risiken, denen es hier vorzubeugen gilt.

Die zwei bislang publik gewordenen Insolvenzfälle haben sich als Schreckerfahrung tief in den Gemütern verfestigt. Um so erstaunlicher, wie diskret dann die tatsächlichen Zusammenbrüche vor sich gehen. „Wir erfahren davon normalerweise auch erst aus der Zeitung", bedauert Silvia Weiß vom Stadtplanungsamt ihre eigene Hilflosigkeit gegenüber den Geschehnissen. „Demnächst soll wenigstens eine Vereinbarung mit dem Gericht dafür sorgen, dass man uns von dort jeden neuen Fall möglichst gleich zur Kenntnis gibt." Im Ernstfall kann aber auch die Stadtverwaltung den sich selbst überlassenen Mietern nicht wirklich helfen; allenfalls, wie etwa beim „Feuerteufel" und seinen Nachahmern, bleibt sie zuständig, um unmittelbare Gefahren für die öffentliche Sicherheit abzuwenden.

Doch es muss ja gar nicht bis zum Brandalarm kommen. Auch wenn es glimpflicher abgeht, also eine treuhänderische Notverwaltung gesichert wird, bleiben die betroffenen Häuser Problemfälle. Die meisten Leute im Südpark-Viertel etwa, die Gisela Lehmann vom Stadtteilbüro befragt hat, wissen gar nichts vom Schicksal ihrer vorherigen Vermie-

ter: „Hier ändern sich doch dauernd die Besitzverhältnisse. Die meisten halten die Konkursverwalter einfach für den nächsten Käufer. Aber allen fällt auf, dass die, die jetzt die Miete kassieren, so absolut gar nichts mehr an den Häusern machen. Das schafft natürlich Unzufriedenheit."
In der Tat sieht man dem am Rande der Neustadt gelegenen Viertel die unentschiedene Situation deutlich an. Renovierte und gut ausgelastete Häuser wechseln sich mit heruntergekommenen ab. Besonders bedrückend fallen die Freiflächen ins Auge. Ihre zugehörigen Grundstücke pflegen die jetzigen Verwalter noch weniger als die Häuser. Die Stadt kann da nicht einspringen, also erobert wilde Natur sich die Betonkultur zurück. Und auf den Parkplätzen vor den Hauseingängen stehen nur noch vereinzelt Autos herum: „Die Bessergestellten sind längst weg. Wer jetzt bleibt, ist wahrscheinlich auf die niedrigen Mieten angewiesen. Selbst sanierte Zweiraumwohnungen sind ja hier für 3,15 Euro pro Quadratmeter schon zu haben." So erleben die Mitarbeiter des Stadtteilbüros im täglichen Leben, was Sozialforscher die „Segregationseffekte der Schrumpfung" nennen: Bis die nächste einschlägige Studie im Stadtrat die Runde macht, hat sich hier draußen der soziale Brennpunkt bilderbuchgerecht zusammengebraut.
Dem Insolvenzverwalter und den beiden Banken, denen im Südpark mehr oder weniger unfreiwillig ein Stück überflüssig gewordener Stadt zugefallen ist, behagt diese Entwicklung gar nicht. Um der Unausweichlichkeit noch einmal zu entgehen, mit der hier am südlichen Rand der Neustadt, genauso wie am westlichen Rand oder ostwärts in den Niederungen der Saale, die Zeichen auf Abriss stehen, haben sie die Stadt auf Schadenersatz verklagt. Der Klagegrund: Mit der Ausweisung von „Nachranggebieten", in denen alle Förderung ausgeschlossen ist, würde jegliche Bemühung auf Besserung der Lage in den gefährdeten Beständen zunichte gemacht, ergo ihr wirtschaftlicher Erfolg behindert. Da gibt es nichts zu lachen: Nach den herkömmlichen Gewinnkalkulationen wachsender Städte hätten sie recht. Aber hier wächst nichts mehr, schon gar kein Gewinn. In schrumpfenden Städten geht es allenfalls darum, die Verluste einigermaßen gerecht zu verteilen. Eine völlig neue Erfahrung, die noch so manches Immobilienunternehmen aus der Kurve tragen wird.

P.S.

Während der Niederschrift dieses Textes ging am 12. 8. 2003 die Genossenschaft „Am Südpark" mit 1.141 Wohnungen bankrott. Auch dieses erst 1997 ausgegründete Unternehmen sollte die Altschulden des vorherigen Großeigentümers GWG senken und brach nun unter 30 Prozent Leerstand zusammen. Die Genossenschaftler, denen man vor Gründung ihrer e.G. ein völlig irreales Wirtschaftlichkeitskonzept vorgelegt hatte, fühlen sich betrogen. Ihre finanziellen Einlagen sind mit ziemlicher Sicherheit verloren.

EXKURSION IV

LEIPZIG-PLAGWITZ

94 | 95 EXKURSION IV

LAUTER LEUCHTTÜRME

Die Idee war genial: Mitten im tiefsten Leipziger Industrierevier, dem leider unlängst die Industrie abhanden gekommen war, wurde mangels Aussicht auf Besserung auf einer großen Brachfläche einfach Weizen ausgesät. An der Stelle hatte bis 1990 eine Fabrik für Ackergeräte gestanden. Jetzt, da von der nicht mal mehr die Fundamente im Boden steckten, war die Zukunft des Ortes wieder völlig offen, eine „Rückkehr der Natur" inbegriffen. Weil die Aktion im Jahr 2000 stattfand, tauften die Initiatoren von der Schaubühne Lindenfels ihren Weizenacker offiziell das „Jahrtausendfeld".

Das war das Jahr, in dem Leipzig-Plagwitz als externer Standort der EXPO 2000 Furore machte. Überall im Viertel sprossen damals die Ideen buchstäblich aus dem Sand der abgeräumten Industrieareale. In einem Technik-Museum namens „Garage" wurde jungen Menschen vorgeführt, wie „Arbeit" (d.h. vornehmlich Maschinenbau) in diesem Leipziger Stadtteil früher einmal ausgesehen hat. „Neue Arbeit" sollte sich im Gründerzentrum BIC (*Business Innovation Center*) ausprobieren, einem Neubau vollgestopft mit Hightech, Kommunikations- oder Webdesign und wie die Zukunftsbranchen alle heißen. In Erwartung demnächst einsetzender Kundenströme wurde gleich noch eine stählerne Hochgarage dazugeklotzt, ein groteskes Relikt aus Zeiten allgemeiner Parkplatznot. Zwischen all den Inseln sporadischer Betriebsamkeit steckten experimentierfreudige Landschaftsarchitekten auf einem der vielen leer gebliebenen Karrees „Parzellen im Wartestand" ab, eingehegt von Weidenzweigen und ausgelegt mit Ziegelsplitt der zerschredderten Fabriken. Direkt vor Fritz Högers beeindruckender Konsum-Zentrale war aus den Gleisflächen eines alten Verladebahnhofs ein Stadtteilpark mit Ausstellungsschuppen geworden. Auf dem Karl-Heine-Kanal wurde die „Weltfrieden", ein lustiges Dampferchen, für sommerliche Routen in Dienst gestellt. Unverkennbar grüßte aus nebelhafter Ferne die IBA Emscher Park, wo man erstmals mit den ästhetischen Strategien der „Industrienatur" nach neuen Stadtbildern „jenseits der Arbeitswelt" gesucht hatte. Nun galt es erneut, der Phantasie an die Macht zu verhelfen, nur diesmal verschärfter – nicht für das postindustrielle Experiment, sondern für den Ernstfall Deindustrialisierung. Nur konsequent also, aus Plagwitz ein EXPO-Thema zu machen, wo unvermittelt wie sonst nirgends Mietskaserne, Industriekulisse und Prärie aufeinander trafen. In keiner deutschen Stadt versprach alles so spannend zu werden wie hier.

Drei Jahre später ist der Schuppen im Stadtteilpark wieder nichts als ein Schuppen. Das „Jahrtausendfeld" ist kahl und eingezäunt, ein Kinderzirkus nutzt jetzt den Platz. Noch immer kann es in manchen Seitenstraßen gruselig werden, wenn der Wind durch tote Werkhallen und leere Mietshäuser pfeift. Die Hochgarage steht unverändert da wie von de Chirico gemalt. Alle haben auf den Aufschwung sehr gehofft. Die aus zahllosen Töpfen üppig geförderten Initiativen sollten doch irgendwann mal Früchte tragen. Als Gipfel der Zuversicht hatte ein bayerischer Investor furiose Panoramen von Plagwitz als *Skyscraper-City* in die Presse lanciert. Immerhin blieb er dem Ort treu und brachte später seine Oldtimer-Sammlung hierher, um sie in einer stillgelegten Fabrik für Eintrittsgeld vorzuführen. Auf ein Nachbardach ließ er eine echte *Iljuschin 18*, dieses unverwüstliche Passagierflugzeug sowjetischer Bauart, einschweben. Doch leider steht die Halle darunter auch schon wieder leer. Vom gärtnerischen Experiment der Splittparzellen sind im wuchernden Kraut nur noch Schemen zu erkennen. Aber immerhin: Die Weidenstämmchen haben kräftig ausgeschlagen. Und das „Stelzenhaus" ist wieder in Betrieb.

Auch dieser rätselhafte Bau war im EXPO-Programm nichts als ein Versprechen gewesen, ein ehemaliges Wellblech-Walzwerk, dessen zwei Hallen über das steile Kanalufer hinaus ragen, von 100 dicken Betonpfeilern empor gestemmt. Elf Wohn- und Gewerbeeinheiten hat ein risikofreudiger Entwickler durch Umbau der seit 1990 leer stehenden Industriehülle gewonnen und, wie alle erleichtert versichern, erfolgreich vermarktet. „Die Lektion Plagwitz ist auch das ‚Prinzip Hoffnung'", hatten die Architekten zu Baubeginn sich und ihrem Bauherrn Mut zugeredet. Als erste Neunutzer sind sie dann selbst in ein Teilstück der umgebauten Hallen gezogen.

Wer sie dort in ihrem Büro besucht, tritt in jenes merkwürdige Dämmerlicht ein, wie es alten Werkhallen stets unverkennbar eigen ist. Über die vollelektronischen Arbeitsplätze hinweg streift der Blick alte Brandschutztüren, eiserne Treppen, die filigran verspannte Tragkonstruktion des dünnen Daches. Sogar alte Schilder hängen noch da, einst Ermahnungen und Fingerzeige in einem lauten und schmutzigen Arbeitsprozess, den von den heute hier Beschäftigten keiner mehr aus eigenem Erleben kennt.

„Die respektvolle Umsetzung des Vorgefundenen in zukunftsfähige Ideen wird den Stadtteil Plagwitz ähnlich dynamisieren wie beispielsweise München-Schwabing oder London Docklands." So hoffte noch der Investor in seinem Prospekt und schaffte es, sein „Stelzenhaus" auf Anhieb unter die prominenten Leipziger Adressen zu hieven. Also noch so eine Attraktion, von denen es inzwischen genügend gibt im alten Plagwitzer Industriedelta. Die Konzepte klingen alle irgendwie ähnlich. Gerade wo sie „Kreativität" betonen, sind sie so konventionell, wie Ämter und professionelle Förderagenturen halt nur denken können: High-Tech ist Trumpf, Jugend wird bevorzugt, Computer vorausgesetzt. Lauter Leuchttürme. Bloß keine Schiffe.

Auf dem Fußgängersteg schlendern zwei Frauen und ein Kind über den Kanal, das übliche Verkehrsaufkommen an einem Werktag wie heute. „Von Entwicklungsdruck", stellt Architekt V. unbewegt fest, „kann in Plagwitz auf Grund der wirtschaftlichen Rahmenbedingungen keine Rede sein. Insofern können die Dinge noch eine Weile bleiben, wie sie sind". Das sind unübliche, ja unerhörte Töne in Leipzig, wo man sich sonst immer noch gern als Boomtown aufführt. Ob jahrelanges Leben und Arbeiten hier, in der schütter gewordenen Gegend, solche Gelassenheit wachsen lassen? Er beobachte, sagt der Architekt, wie sein Lebensrhythmus sich den merkwürdigen Verhältnissen aus Leere, Stille und Beschaulichkeit offenbar anpasse. Inzwischen könne er diesen neuen Typus von „verhaltener Urbanität" regelrecht genießen. Viel Himmel, wenig Hektik: „Das ist doch auch eine Form von Lebensqualität." Er freut sich auf den Sommer, wenn unten vor dem Stelzenhaus die Boote anlegen und Radfahrer den Biergarten an der Kaimauer bevölkern.

Kein Zweifel, alle haben ihr Bestes gegeben. Doch kein „perforierter" Stadtteil kommt von allein auf die Beine, bloß weil unser Urbanitätsideal sich das so wünscht. Deshalb wird das Schicksal von Plagwitz sich weniger an neuen Häusern oder genialen Geschäftsideen entscheiden, als vielmehr an Leuten, die einen neugierigen, phantasiefreudigen, vor allem aber positiven Zugang finden zu dem Zustand, wie er jetzt ist. Nur die beherrschen vielleicht jene neue Kunst, die städtische Schrumpfungsprozesse manövrierbar und für die Betroffenen erträglich macht: Das *Wenigerwerden* darf nicht allein auf irgendein *Wegnehmen* reduziert werden, vielmehr muss man das „Andere" herausfinden, das in dem „Weniger" steckt. Dieses „Andere" gilt es zu thematisieren, womöglich als „Gewinn höherer Ordnung". Nur so wird – überstrapazierte Formel – die Krise zur Chance.

Und auf eine merkwürdige Art heiter lässt sich auf einmal Plagwitz betrachten. Vielleicht sollten wir einfach mal gucken gehen, ob demnächst wieder Halme sprießen auf dem Jahrtausendfeld. Gerade weil all die lauschigen IBA- und EXPO-Träume für den wahren Ernstfall wohl doch nicht beschaffen waren, steht uns hier – zwischen Mietskaserne, Industriekulisse und Prärie – die eigentlich spannende Phase überhaupt erst bevor.

4 RÜCKBAUKULTUR UND „NEUES PLANEN"

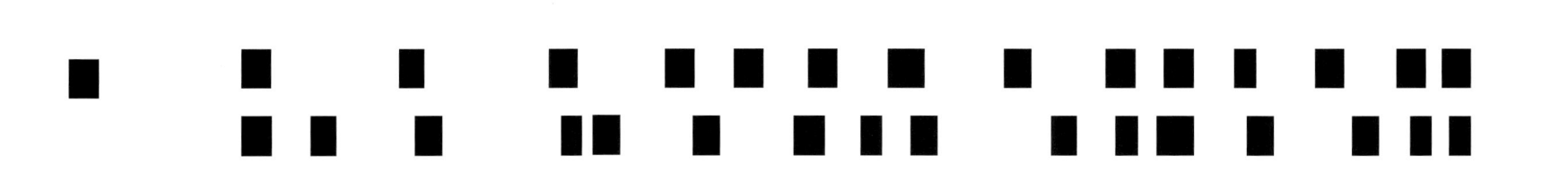

RÜCKBAUKULTUR UND „NEUES PLANEN"

> ALL DIE JAHRZEHNTE HABEN DIE ZSCHORNEWITZER ARBEITER MIT IHREN FAMILIEN IN BRIKETTSCHWARZEN HÄUSERN GELEBT. IMMER WEITER WAR ALLES VERMODERT UND VERKEIMT. UND KEINE OBRIGKEIT HATTE SICH JE DARUM GEKÜMMERT. JETZT SOLLEN DIE PLÖTZLICH ÜBERFLÜSSIGEN WENIGSTENS SCHÖNER WOHNEN. DAS ERGEBNIS DES SANIERUNGSVORHABENS IST TATSÄCHLICH SEHENSWERT. ALS BEISPIELLOS HERAUSGEPUTZTE INSEL PROPERSTER WOHNQUALITÄT STEHT DIE SIEDLUNG HEUTE FREMD UND ERHABEN INMITTEN DER NAMENLOSEN ÖDNIS ÜBERALL RINGSUM. EIN ÄSTHETISCHER GEWINN IST DAS ALLEMAL. ABER IRGENDETWAS IST SCHIEFGEGANGEN. GERADE ERST AUS SÄMTLICHEN BEZÜGEN IHRER ARBEITSWELT GEFALLEN, HINGEN DIE BEWOHNER – PARADOXERWEISE, ABER IM GRUND KAUM VERBLÜFFEND – UMSO MEHR AN IHRER MARODEN LEBENSWELT. BEI ALLER UNVOLLKOMMENHEIT WAR SIE DOCH HEIMAT UND EIN VERTRAUTER RÜCKZUGSRAUM GEWESEN. [...] ASYMMETRISCH STANDEN SICH HIER ÄSTHETISCHER ANSPRUCH UND LEBENSWELTLICHER EIGENSINN GEGENÜBER, WESHALB DIE GUT GEMEINTE SANIERUNG IHRER SIEDLUNG FÜR MANCHE ZSCHORNEWITZER VOR ALLEM EINE SYMBOLISCHE ENTEIGNUNG BEDEUTETE. [59]

Die mit den Jahren immer deutlicher zutage tretende Bevölkerungskrise der ostdeutschen Länder hat dazu geführt, dass das Investitionsvertrauen in die unlängst noch steuerlich privilegierte Aufbauregion mehr oder weniger zusammengebrochen ist. Es herrscht ein Überangebot an Flächen und Räumen in jederlei Hinsicht. Wohnungs-, ja überhaupt Neubau findet in nennenswertem Ausmaß nicht mehr statt. Auch für erforderliche Sanierungen oder Umbauten, zumal in Großsiedlungen, wird es immer schwieriger, Kredite aufzutreiben. Aus Unsicherheit über die Zukunft der betroffenen Gebiete verhalten sich Banken zunehmend restriktiv, was hie und da bereits die Dimension regelrechter Investitionsblockaden erreicht – ein Vorgang, der in fataler Weise an *Redlining* erinnert, an jene Praxis amerikanischer Banken, auf der Karte um Viertel, in denen Kredite als nicht mehr sicher betrachtet werden, eine rote Linie zu ziehen und sich dort finanziell nicht mehr zu engagieren.

[59] Tobias Dürr, *Die große Transformation*, a.a.O., S. 66

102 | 103 RÜCKBAUKULTUR UND „NEUES PLANEN"

Nicht nur für das Baugewerbe, auch für das Planungsgeschäft sind die Folgen krass: Nach Analysen der sächsischen Architektenkammer etwa waren zwischen 1997 und 2002 rund 60 bis 70 Prozent der Arbeitsplätze in den kurz zuvor erst gegründeten sächsischen Architekturbüros schon wieder verloren gegangen; in den übrigen Ostländern sieht die Lage nicht besser aus. Dabei ist es nicht so, dass es gar nichts mehr zu tun gäbe. Auch das Schrumpfen von Städten stellt eine Planungsaufgabe dar. Nur müssen Planer und Architekten – in gleichem Maße wie Politiker und alle übrigen Akteure – Zugang zu einer für sie bislang unvertrauten Praxis finden: Die jetzt geforderten Strategien zielen nicht mehr auf *dichter, höher, eleganter*, sondern jetzt geht es um *Entdichtung, Verkleinerung, Entschleunigung*. Wo früher um Zuwächse (an Bauvolumen, Wohnfläche, Ausstattung usw.) gerungen wurde, geht es heute um Freisetzungspotenziale. Da allerdings jegliches Stadtentwicklungsdenken bisher stets von einem *Mehr* ausging, müssen für ein *Weniger* völlig neue Instrumente erfunden werden. Man sollte es ruhig einen Paradigmenwechsel im planerischen Denken nennen – endlich Abschied von der Doktrin eines Wachstums um jeden Preis.

WENIGER STATT MEHR: UMGANG MIT DER LEERE

Planer und Architekten wurden bisher dazu erzogen, ihr Glück im Entstehen von etwas Neuem zu finden. Nun sollen sie vorschlagen, was nicht geschehen, oder gar: was ersatzlos verschwinden soll. Dabei stehen sie sich mit ihrem traditionellen Berufsbild vielfach selbst im Weg. „Unbebauter Raum scheint unvollständig zu sein und erst als umbauter Raum seine volle Wirklichkeit zu erlangen", hat der Kunsthistoriker Andreas Ruby den tief sitzenden Konflikt der Profession einmal kulturphilosophisch zu deuten versucht. „Während die östlichen Religionen das Nichts und die Leere als erstrebenswerten Zustand des Daseins begreifen, scheint die Leere im westlichen Denken per se einen Mangel zu bezeichnen, den es eiligst zu füllen gilt, um sich der eigenen Existenz zu versichern." Unter Berufung auf Rem Koolhaas schlägt Ruby dagegen vor, die Perspektive zu wechseln und den *frei bleibenden Raum* als die eigentliche urbanistische Gestaltungsaufgabe zu entdecken: „Dieses Unterlaufen des atavistischen Planungsreflexes – also der zwanghaften Besetzung des Bodens – erweist sich so gesehen nicht als Enthaltung, sondern als eine andere Form der Planung." [60]

Doch man muss sich nicht fernöstliche Weisheiten erschließen, um angesichts der völlig neuen Aufgabenstellungen beim „Rückbau" traditionelle Rollenbegriffe von Planern und Gestaltern infrage zu stellen. Es reicht schon, die weitgehende Eigendynamik der Veränderungen anzuerkennen und sich ohne Resignation darauf einzulassen: „Vor dem Hintergrund degressiver Entwicklungsvorzeichen werden räumliche Umverteilungsprozesse unsystematisch, also zufällig ablaufen, ja anarchisch anmuten – das ist das genaue Gegenteil von Planung, wie wir sie aus Zeiten des Wachstums und im Rahmen einer wohlfahrtsstaatlichen Fördermoral kennen", stellt Marta Doehler vom Leipziger *Büro für Urbane Projekte* fest und plädiert dafür, sich stärker um die tatsächlichen Akteure und ihr konkretes Handeln in städtischen Transformationsprozessen zu kümmern. „Planung wird vermutlich viel stärker deskriptiv als bisher betrieben werden müssen. Planen wird Mitschreiben und Sichtbarmachen. [...] Wahrscheinlich führt [die schrumpfende Stadt] uns gerade das Ende einer Epoche, nämlich des rationalen Planungsdenkens der Moderne vor Augen. Wohl kann man Szenarien für die Zukunft entwerfen, aber man wird sich hüten, genaue Prognosen zu erstellen." [61]

Einen vergleichbaren Weg vom aktiven zum passiven, also vom „bestimmenden" zum „begleitenden" Handeln hat eine jüngere Architektenszene eingeschlagen, die sich von fertig produzierten Räumen bereits lückenlos umstellt sieht und deshalb kaum noch auf eigene Neubauaufgaben zu hoffen wagt. An den permanenten Veränderungsprozessen will sie trotzdem beteiligt bleiben. Das europaweite Forschungsnetzwerk *Urban Catalyst*, das sich mit temporären Nutzungen städtischer Brachen beschäftigt und in Berlin vor allem durch seine Initiative „Zwischenpalastnutzung" hervorgetreten ist, hat für diesen neuen Handlungsansatz besonders anschauliche Definitionen geliefert: „Die Aufgaben der Disziplin verschieben sich. Es geht nicht mehr um die Hardware, sondern um die Software: Statt für ein gegebenes Programm einen Raum zu entwerfen, geht es um das Programmieren von [gegebenen] Räumen." [62]

Eine Aufgabenverschiebung von erheblicher Tragweite, die ein Berufsbild schnell auf den Kopf (bzw. auf

60 Andreas Ruby: Amor Vacui.
In: *Deutsche Bauzeitung*, Jg. 2003, Nr. 4
61 Marta Doehler: Chaos oder Methode?
Die perforierte Stadt als Leitbild,
Realitätsmodell oder Horrorvision.
In: *Deutsches Architektenblatt*, Jg. 2004, Nr. 4
62 studio urban catalyst: Zwischenpalastnutzung. In: *arch+*, Jg. 2003, Nr. 167

sehr viele Füße) stellen könnte. Dabei liegt die letzte baukulturelle Tendenzwende noch gar nicht so lange zurück. In den 80er Jahren war durch die „Wiederentdeckung" alter Häuser und alter Städte als materielle wie kulturelle Ressource das Paradigma permanenter Erneuerung, welches u.a. der Moderne den Vorwurf der Geschichtsfeindlichkeit eingetragen hatte, durchbrochen worden. Jetzt erreicht das in Strategien wie „Substanzschonung" oder „Behutsamkeit" angelegte *Prinzip Nachhaltigkeit* womöglich seine nächste Dimension: War bis eben noch gefragt, welche Gehäuse für diesen oder jenen Funktionsbedarf brauchbar zuzurichten seien, so lautet angesichts allgegenwärtigen Raumüberflusses die neue Frage nun: Wie könnte/sollte eine Lebenspraxis beschaffen sein, die sich in den vorhandenen Räumen sinnvoll einrichtet? Die erste Frage ließ sich noch mit Materialkenntnis und technischem Know-how bewältigen. Die letztere erfordert eindeutig soziale Phantasie.

GEWINNER UND VERLIERER

„Einen Rückzug in Anstand und Würde ermöglichen",[63] war schon früh die radikalste Option formuliert worden – wohl nicht zufällig von einer Wohnungspolitikerin aus Hoyerswerda, jener Stadt, die als eine der ersten erfahren musste, welche Risiken im ungesteuerten Abrutschen in die Krise lauern. Es waren Erfahrungen von erschreckender Brutalität.[64] Seither dürften über das Ausmaß der Gefahr eigentlich keine Illusionen mehr bestehen: Ohne sozialpolitische und raumordnerische Konzepte und Lösungsangebote, also ohne den geordneten Rückzug befürchtet die Planungshistorikerin Simone Hain einen „Prozess der Selbstauflösung – das Versagen der Systeme".[65]
Womit wir schon wieder auf ein Wahrnehmungsproblem stoßen, denn während es bei allen bisherigen Diskussionen über nachindustrielle Wirtschafts- und Gesellschaftsformen stets nur um die übrig bleibenden Gewinner geht, wird den Verlierern des anstehenden Epochenbruchs selten die nötige Aufmerksamkeit zuteil (und wenn doch, dann allenfalls im Sinne von Befriedung bzw. „Gefahreindämmung"). Wie sehr es aber letztlich um diese geht, machen heute die Ostdeutschen in einem bislang ungekannten Maße bewusst. In-

[63] Margitta Faßl, Geschäftsführerin der Hoyerswerdaer Wohnungsgesellschaft, zit. in Frankfurter Allgemeine Zeitung vom 12. Juli 2000
[64] *Im September 1991 hatte es in Hoyerswerda mehrtägige, anfangs ausländerfeindliche, schließlich bürgerkriegsähnliche Ausschreitungen gegeben, deren genauere Analysen einen Hintergrund erhellen, bei dem traumatische Marginalisierungserfahrungen infolge abrupter flächenhafter Einstellung der Braunkohleförderung eine zentrale Rolle spielen. Vgl. Simone Hain: Schauplatz Hoyerswerda. In: Kristina Bauer-Volke/Ina Dietzsch: Labor Ostdeutschland, a.a.O., S. 229 ff.*
[65] *Zit. in Annette Freytag: Bereit für die Brache? In: Diethild Kornhardt/Gabriele Pütz/Thies Schröder (Hrsg.): Mögliche Räume. Hamburg 2000, S. 139*

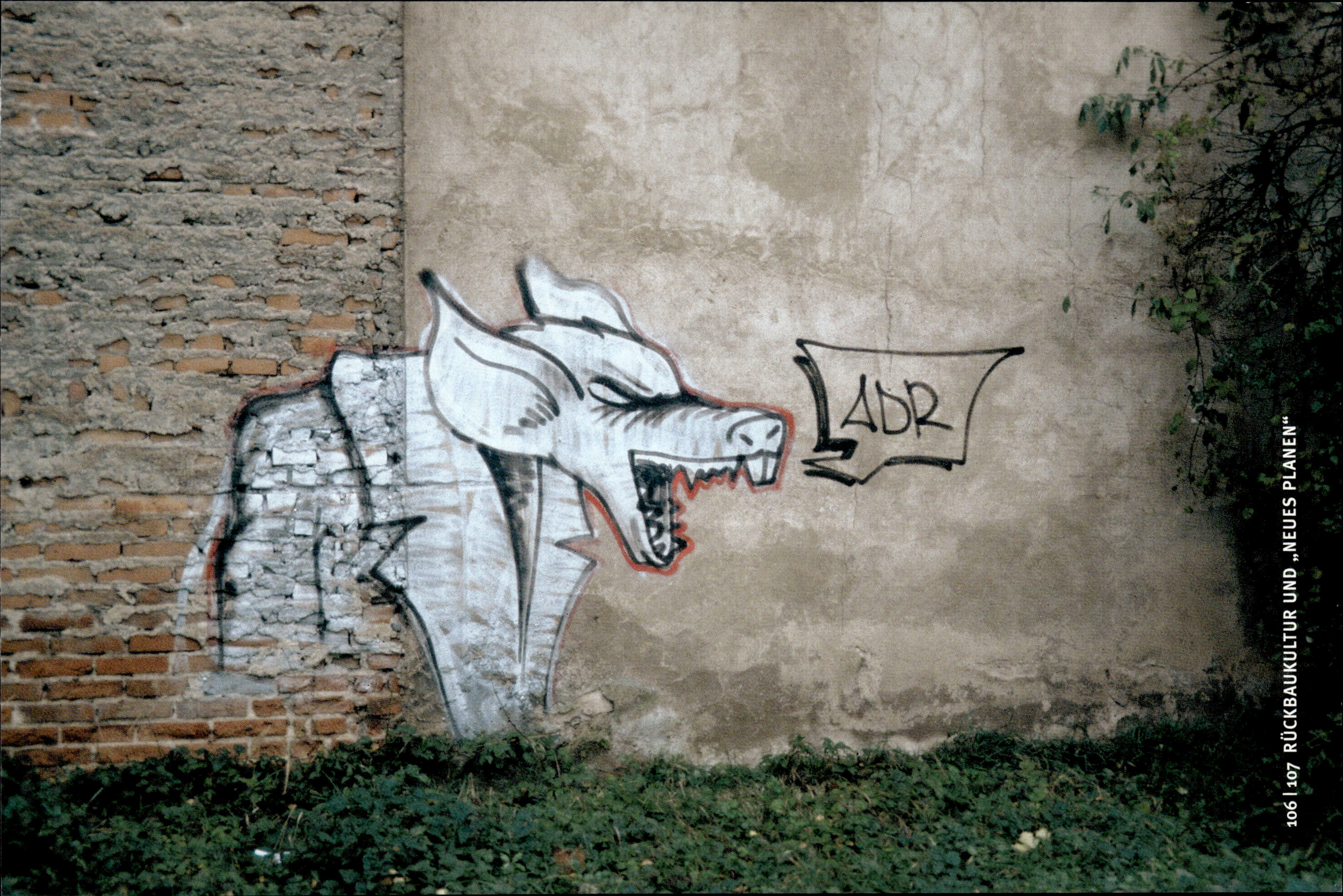
ADR

dem sie massenhaft auf die Gegebenheiten reagieren, also der Arbeit und somit ihren Lebenschancen einfach hinterher ziehen, sind sie es, die bereits eine spürbare Umwälzung ihrer lokalen und regionalen Gesellschaftsverhältnisse bewirken. Der gefürchtete *Brain drain*, der Exodus speziell der Aktiven und Ausgebildeten (und unter diesen wiederum ganz besonders der Frauen) wird die ökonomisch abgehängten Landschaften auf Dauer nachhaltiger prägen als diese oder jene vereinzelte Investition.

Schrumpfungsregionen müssen die Brutalitäten des ungesteuerten gesamtökonomischen Strukturwandels ausbaden. Schrumpfungsprozesse planen heißt also, in erster Linie die Lebensbedingungen und Interessenlagen von Verlierern wahrzunehmen und zu verteidigen. Doch wie realistisch ist es, solche Motivation von Planungsexperten zu erwarten, die zu den verwöhntesten Nutznießern der zurückliegenden Boomjahre zählen? Steht nicht „Anwaltsplanung", ein berufsethischer Kernbegriff aus den Frühzeiten der „behutsamen Stadterneuerung", seit längerem schon unter Ideologieverdacht, als Marotte einer historisch überlebten Generation politisierter Reißbrettaktivisten?

Eine Wahrnehmung der Verliererperspektive wird erfahrungsgemäß nur gelingen, wenn Planer (wie Politiker) sich erst einmal die vielen Selbstverständlichkeiten bewusst machen, mit denen sie selbst gewissermaßen Gegenpartei sind, d.h. in aller Regel ganz real zu den Gewinnern gehören. Einmal über die manipulative Macht parteiischer Denkschablonen aufgeklärt, werden sie mit ein bisschen selbstkritischer Anstrengung auf ihre eigene, unverkennbare „Gewinnerrhetorik" stoßen. Die ist ausgiebig mit dem Definieren und Rechtfertigen des Status quo befasst, jeglichen Bedenken und Gegenargumenten wird routiniert ausgewichen. Gewinner verzichten darauf, „die Welt von unten nach oben zu betrachten, alles zu betrachten aus der Perspektive der Opfer, derer, die die Zeche zu zahlen haben. [...] Das Ausfallen der Dimension der Verlierer – das ist charakteristisch für diese moderne Gewinnerrhetorik".[66]

Eine Planung, viel mehr aber noch eine Politik, die sich um die zahllosen individuellen Ängste und Bedrängniserfahrungen der Verlierer nicht kümmert und dabei mögliche, vielleicht sogar naheliegende Reaktionsmuster nicht in Erwägung zieht, wird diese Ignoranz vermutlich mit einem bösen Erwachen bezah-

66 *Das Zitat bezieht sich auf einen Text von Walter Jens zur Kriegsfrage aus dem Jahr 2003. Das Wort „Krieg" ist in diesem Zitat durch „Gewinner" ersetzt.*

len. Sensible Beobachter der ostdeutschen Provinz beginnen sich inzwischen vor der „gespenstischen Stille" zu fürchten, in der die offenkundige Perspektivlosigkeit vieler Regionen von den Menschen ertragen wird. Auf unabsehbare Dauer kann solch stoische Langmut unmöglich erwartet werden. Aber was dann? Gar nicht auszuschließen, dass es ungemütlich wird, wenn jegliche Steuerungs- oder Kompensierungsmaßnahmen ausbleiben, oder wenn sie allesamt versagen. Ein solcher Moment der Wahrheit ist absehbar. Er tritt spätestens ein, sobald der letzte Ausweg versperrt ist, über den die „Überflüssigen" sich als *Einzelne* vor der Misere retten können. „In dem Moment, in dem die Aufnahmefähigkeit des westdeutschen Arbeitsmarktes schwindet, wird die individuelle Abstimmung mit den Füßen endgültig zur kollektiven Abstimmung der Köpfe werden",[67] versucht eine vage Prognose, ein Ende des derzeit immer noch recht sorglos gehandhabten „Experiments Ost" auszumalen. Perspektivlosigkeit als Dauerzustand zerstört nämlich alle noch vorhandene Krisenkompetenz. Sozialforscher registrieren bereits, wie das oft gerühmte Improvisationstalent der übrig bleibenden Ostdeutschen schwindet. Individuelle Frustrationen suchen sich verschiedene Wege, politische Abstinenz bis hin zum Wahlboykott darf noch als der glimpflichste gelten. Da innerhalb des etablierten Spektrums keine Partei glaubwürdige Antworten auf die real erfahrenen Ausweglosigkeiten bietet, sondern im Gegenteil die Betroffenen sich durch Verleugnung oder Schönreden der Realität regelrecht verhöhnt vorkommen müssen, dürfte „an jedem Dauerarbeitslosen ein Demokrat verloren gehen – dies nicht als Dogma, nur als Erfahrung" (Christoph Dieckmann).

Oder es bleibt, als letzte Politisierungsalternative, die am meisten zu fürchtende: eine Radikalisierung nach rechts. Die Strukturen der entsprechenden Organisationen und Parteien sind längst in Stellung gebracht, dort hat man die Chance der Stunde sehr genau begriffen: „Sie geben an, sich um die Menschen wirklich zu kümmern, laden zu Weihnachtsfeiern und Arbeitsloseninitiativen ein [...] Augenscheinlich ist ihnen sehr daran gelegen, die lokale Gesellschaft mit Forderungen nach ‚sozialer Gerechtigkeit' für ‚Mitteldeutschland' hinter sich zu bringen."[68] In Prenzlau darf der 1998 vollzogene Abriss der alten Zuckerfabrik demonstrativ auf Bildpostkarten mit schwarzem Trauerrand beklagt werden, offen finanziert von einer Organisa-

67 *Wolfgang Engler: Die Ostdeutschen als Avantgarde, a.a.O., S. 167*
68 *Simone Hain: Schauplatz Hoyerswerda, a.a.O., S. 244*

tion namens „Stahlhelm Uckermark". Neuerdings fordern rechtsradikale Aktivisten bei ihren Aufmärschen in Krisenregionen nicht mehr „Ausländer raus", sondern „Schafft Arbeit!" Die Kraft, solchen Losungen zu widerstehen, dürfte in Gegenden, die sich seit Jahren auf eine reale Arbeitslosigkeit um 30 Prozent und mehr einrichten mussten, nicht mehr allzu verbreitet sein.

Unter diesem Blickwinkel muss man die bereits seit den 90er Jahren im militant rechten Diskurs auftauchenden „national befreiten Zonen" als Strategie erkennen, die von der Gesellschaft schrittweise aufgegebenen Räume zu übernehmen. Allein schon diese Kampfansage wirft die Frage auf, ob und wie innere Peripherien – gerade jenseits aller „Rentabilitätserwägungen" – durch ziviles Engagement zu verteidigen und durch Projekte mit emanzipatorischem Elan zu stabilisieren sind.

BEGLEITEN STATT BEGLÜCKEN

Gemessen an den vielen, sich immer dringlicher auftürmenden Problemen stecken die tonangebenden Diskurse unter Planern und Architekten hierzulande noch tief im *Alten Denken*. Wie das Beispiel der sanierten Werksiedlung Zschornewitz anschaulich zeigt, sind sie unverdrossen davon überzeugt, noch auf das auswegloseste Desaster mit ästhetischem Instrumentarium eingehen zu können. Doch bei der Suche nach dem existenziellen, oder besser: nach dem „seelischen" Gleichgewicht stagnierender oder niedergehender Städte und Landschaften hat „Baukunst" im traditionell begriffenen Sinn höchstens als Arabeske ihren Platz.

Trotzdem werden „Spezialisten für neue Räume" so schnell nicht zu den Überflüssigen zählen, denn ohne ihren Sachverstand wird es nicht gehen. Im Gegenteil: Zu denen, die – im Sinne des bereits zitierten Sprichworts – „als letzte das Licht ausmachen", sollten unbedingt Architekten und Planer gehören. Für die unvermeidlichen und schmerzhaften Verluste bedarf es Vorkehrungen, Veranstaltungen, Planungsverfahren und Realisierungsschritte, die – über alle technischen und organisatorischen Notwendigkeiten hinaus – den Betroffenen signalisieren, dass ihre Lebenszeit in und mit diesen Gehäusen nicht umsonst und folgenlos

110 | 111 RÜCKBAUKULTUR UND „NEUES PLANEN"

war. Wagen wir ruhig den Vergleich: Das Wegnehmen einer Stadt bedarf des Rates der Experten genauso, wie es ihr Aufbau einstmals brauchte. Das ist wie mit den Ärzten – deren Beistand ist beim Beginn eines Menschenlebens genauso vonnöten wie an dessen Ende. Und wenn wir die verwegene Parallele gleich noch weiter strapazieren: Fehlt am Ende die sachkundige Begleitung – beim Menschen wie bei den Städten – dann wird ihnen kein Vergehen „in Anstand und Würde" vergönnt, sondern bloß ein Verrecken.

Mehr noch als jeder Gründungs- verlangt ein Auflösungsprozess einfühlsame Aufmerksamkeit und Zuwendung. Wie die Leipziger Planerin Iris Reuther anhand vielfältiger Praxiserfahrungen beobachtet hat, „hinterlassen verschwundene Baustrukturen, wie z.B. große Plattenbauten oder ehemalige Adressen von Industrieunternehmen und Infrastruktureinrichtungen an ihren Standorten eine Vielzahl unsichtbarer Spuren und langlebiger Bilder in den Köpfen. Diese können nur allmählich und in einem alltäglichen Gebrauch ersetzt werden – durch veränderte Angebote und sich herausbildende neue Nutzungsgewohnheiten. Ein solcher Prozess braucht Zeit und verlangt eine intensive Betreuung", weshalb für sie „Kommunikationskonzepte und kulturelle Projekte inzwischen zum *State of the Art* erfolgreicher Stadtumbaukonzepte" gehören.[69]

Die Auseinandersetzung mit „vergehenden" Städten ist also ein Vorgang von allerhöchster *Verbindlichkeit*. Sie setzt die Bereitschaft voraus, nicht nur Einstiegsdiagnosen oder flotte Masterpläne abzuliefern, sondern ganz direkt und persönlich Teilnehmer eines langen und mühseligen Prozesses zu werden. Die Aufgabe heißt nicht *Beglücken*, sondern *Begleiten*.

69 Iris Reuther: Learning from the East? Über die Suche nach Leitbildern zum Stadtumbau. In: Bundesamt für Bauwesen und Raumordnung (Hrsg.): Informationen zur Raumentwicklung, Jg. 2003, Nr. 10/11

BAUKULTUR? RÜCKBAUKULTUR!

„Niemand weiß mit Sicherheit, wie es gelingen kann, den Schrumpfungsprozess so zu gestalten, dass ein funktionierendes und lebenswertes Gemeinwesen am Ende dieses Prozesses steht – es fehlt das Erfahrungswissen", wird die Lage von der Soziologin Ingeborg Beer beschrieben, die seit Jahren den Rückbau von Schwedt professionell begleitet. „Mut oder Sicherheit sind in einer Wachstumsgesellschaft zu Hause, nicht dort, wo es um Rückzug geht. [Hier] heißt es oft Abschied nehmen von Nachbarn und Kindern, da kehrt Unsicherheit ein, wie es weitergeht, auch Wut und Verzweiflung, ob all das nicht hätte anders kommen können und ob die Entscheidungsträger auch das Richtige tun."[70]

Spätestens im Angesicht der realen Vorgänge wird klar, dass die eigentlich gravierenden Probleme erst auftauchen, wenn die wohnungswirtschaftlichen und abrisstechnologischen Fragen geklärt sind. Das Schrumpfen einer Stadt stellt sich nicht vorrangig als materielles, sondern als mentales und emotionales Problem. Unter diesen Umständen einen „Rückzug in Anstand und Würde" zu bewerkstelligen, kann nur heißen, über ein möglichst behutsames Umzugsmanagement hinaus die *kulturellen* Seiten des Vorgangs zu begreifen. Die gilt es angemessen zu thematisieren und daraus entsprechende Strategien zu entwickeln. Zu kulturellen Strategien, die Rückzugsprozesse individuell vermittelbar und gesellschaftlich verhandelbar zu machen versuchen, sollen im Folgenden einige erste Erfahrungen beschrieben werden.

- INFORMATION, MODERATION, PARTIZIPATION

Einwohnerversammlungen, in denen sich spontan artikulierter Widerstand bis zu Hassausbrüchen steigerte, signalisierten zu Beginn der Rückbaudebatten ein merkliches Defizit an lokaler politischer Kultur, genauer: einen Mangel an Vertrauen und Offenheit innerhalb der lokalen Öffentlichkeit. Dabei müssen gerade die betroffenen Menschen erfahren und begreifen, was und wie ihnen geschieht, welche Chancen Experten ihrem Gemeinwesen noch geben, welche Optionen jeweils welche Risiken bergen. Die gemeinhin übliche Rathaus-Praxis – bloß nicht die Leute mit noch unbeschlossenen Planungen verunsichern! – hat sich

[70] *Ingeborg Beer: Wohnen und Leben im Leerstand. In: Initial – Berliner Debatte, Jg. 2002, Nr. 2*

nicht nur als falsch, sondern als direkt kontraproduktiv erwiesen. Die an einem jeweiligen Ort konkret zu erwartenden Schrumpfungsszenarien müssen Stadtgespräch sein, und zwar so früh wie möglich.

Eine der wichtigsten Fragen von Rückbauplanungen ist ohne Befragung und Mitbestimmung der Betroffenen überhaupt gar nicht zu entscheiden: Stark schrumpfende Städte müssen oft zu neuer Gestalt und Bedeutung finden. Aufgrund ihrer emotionalen Bindung an bestimmte, symbolisch besonders besetzte Orte sollten die bleibenden Bewohner diese neue Stadtgestalt „mitentwerfen". Man darf dabei nicht ignorieren, dass es ja die beargwöhnten „einfachen Bürger" sind, die mit ihren alles andere als leichthin gefällten Lebensentscheidungen – gehen oder bleiben – letztlich die Auslöser der Schrumpfungsprozesse sind. Die „Bleibewilligen" haben ihre Entscheidung vor dem gleichen Problemhorizont getroffen wie die „Abwanderer", sie haben also die für alle gleichermaßen schwierige Situation mit der gleichen Ernsthaftigkeit reflektiert und somit den gleichen, hoch entwickelten und praxisgehärteten Bewusstseinsstand. Trotzdem werden sie immer wieder wie unverständige oder schonungsbedürftige Kinder behandelt. Immerhin hat die inzwischen erreichte Medienpräsenz des „Stadtumbau"-Themas positive Wirkungen entfaltet: „Der ehemalige Angstgegner Bewohner hat mehrheitlich Verständnis für notwendige Abrisse, fordert aber einen ehrlichen Umgang, verlangt Planungssicherheit und vor allem möchte er Verbesserungen im Zuge des Umbaus. Werden diese Wünsche nicht erfüllt, sinkt die Mitwirkungsbereitschaft von Seiten der Bewohner ganz erheblich, und zwar trotz einer prinzipiellen Akzeptanz von Abrissen."[71]

Was es unbedingt auszuräumen gilt, ist der bei vielen Betroffenen verbreitete Irrtum, nur als Einzelner – als Bewohner einer bestimmten, „vom Pech verfolgten" Stadt oder Region – mit den Malaisen der Schrumpfung konfrontiert zu sein. Sobald hinter der konkret eigenen Niedergangs- oder Verlusterfahrung ein breiteres „gesellschaftliches Schicksal" erkennbar wird, wird nicht nur die individuelle Widerstandskraft gestärkt, sondern es öffnen sich Möglichkeiten der Kommunikation und Assoziation unter Gleichbetroffenen. Nichts wirkt dagegen verheerender als das Gefühl, in einem außer Kontrolle geratenen gesellschaftlichen Wendeprozess ohne Orientierung, vor allem jedoch allein gelassen zu sein.

[71] *Matthias Bernt/Sigrun Kabisch: Weißwasser – Von der Industrie- zur Schrumpfungsstadt. In: Arbeitskreis Stadterneuerung (Hrsg.): Jahrbuch Stadterneuerung 2003, Berlin 2003*

114 | 115 RÜCKBAUKULTUR UND „NEUES PLANEN"

- SCHONUNG

Seit er die Abrisse aus nächster Nähe gesehen hat, vermeide er Wege durch die Neustadt, lehnte vor längerer Zeit ein älterer Architekt die gewünschte Führung durch Hoyerswerda ab. Am Aufbau „seiner" Stadt über viele Jahre hinweg beteiligt gewesen, komme er sich nun zunehmend wie im Krieg vor. Was dem Mann sichtlich zu schaffen machte, war ein Vorgang, der den Euphemismus „Rückbau" zuallerletzt verdient: Kettenrasselnde Abrissbagger, die sich mit stählernen Greifzangen in den Beton verbeißen und unter nervtötendem Quietschen und Bersten die Fassadenteile auseinander reißen, bis die leeren Zimmer sich mit dem Schutt der herabstürzenden Decken füllen. Denn es ist nicht so, dass *Montagebau* erwartungsgemäß sein Ende in planvoller *Demontage* findet. Nein, unterm Sparzwang der stets knappen Fördermittel findet kein „geordneter, selektiver Rückbau" statt, sondern ein Zerwürgen und Zerstampfen, das wie ein Akt blinder Zerstörungslust erscheint, verrichtet in abgrundtiefer Gleichgültigkeit. Ein solcher Anblick muss Menschen kränken, die in der Nachbarschaft jener Abrissobjekte (oder gar in ihnen) große Teile ihres Lebens verbrachten. „Symbolische Ortsbindung heftet sich [...] nicht nur an Schönheit und Prominenz von Bebauung, sondern besetzt jede Zeichenstruktur positiv, wenn das mit den Zeichen verbrachte Leben positiv bilanziert wird. [...] Ihre Vernichtung kann auch das Leben und die Zeit mit diesen Dingen untergehen lassen, der Erinnerung und Realität entziehen. Großflächiger Abriss vollzieht diese Enteignung gelebten Lebens."[72]
Doch nicht nur das: Von deutlich mehr Menschen, als gemeinhin erwartet, werden Häuserabrisse als „Vergeudung von Volksvermögen" betrachtet und erlitten. Wer Zeiten der Wohnungsnot miterlebt hat, für den sei die Vernichtung von Wohnraum das Gleiche wie die Vernichtung von Lebensmitteln, mahnten Wohnungspolitiker aus Thüringen beim Bilanzkongress „Zwei Jahre Stadtumbau Ost" im Dezember 2003. Schon deshalb sollte „Rückbau" nicht als vandalistische Zertrümmerung, sondern wenigstens mit ähnlicher Umsicht erfolgen, wie die Gebäude einst errichtet worden waren.
Nun hat der wohl berühmteste „schonende" Rückbau – die behutsame Zerlegung eines Elfgeschossers in Cottbus, um dessen Fertigteile für sechs Stadthäuser am gleichen Ort wiederverwenden zu können – den

[72] *Albrecht Göschel: Stadtumbau, a.a.O.*

von Skeptikern erwarteten Beleg erbracht: Solche Recyclingverfahren sind technologisch beherrschbar, aber ökonomisch keinem existenzbedrohten Wohnungsunternehmen zuzumuten (von wenigen Ausnahmen abgesehen, werden Wohnungen hier ja nicht zugunsten neuer Wohnungen vernichtet, sondern um Leerstandskosten zu senken und Schuldenberge abzutragen). Trotzdem sollte, wenn es um Rückbau*kultur* geht, bei Ausschreibungen für Abrissarbeiten ein angemessener Mehraufwand für die „Würde des Prozesses" Berücksichtigung finden. Dieses Anliegen lässt sich um so realistischer vertreten, als mit wachsender Routine die Abrisskosten merklich unter die in den Förderrichtlinien angesetzten 60 Euro pro Quadratmeter Wohnfläche gesenkt werden konnten, man das Abbruchgeschäft also inzwischen als gewinnträchtiges Gewerbe ansehen darf.

Im Übrigen gilt natürlich weiterhin, dass der schonendste Umgang mit dem Leerstand das Verschließen und Abwarten ist. „Hände weg, liegenlassen!" hatte Karl Ganser in einem bedenkenswerten Essay gefordert, weil sich erst im Laufe der Zeit herausstellt, „was von kulturellem Wert ist und zugleich wirtschaftlich verwendet werden kann. Was in Ruhe gelassen wird, wird von der Natur bearbeitet. [...] Bis dahin wird der beträchtliche Aufwand für Abriss, Dekontamination, Bodenaufbereitung und konventionelle Erschließung erspart. Dieses Prinzip ist förderlich für den Gedanken der Nachhaltigkeit, für den sparsamen Umgang mit öffentlichen Mitteln, den achtsamen Umgang mit der Geschichte und der Kultur des neuen Bauens".[73] Der reale Lauf der Dinge hat Ganser Recht gegeben: Da bereits heute klar ist, dass die Fördermittel auch bei effizientestem Einsatz nicht für die Beseitigung aller überzähligen Häuser reichen werden, ist es verwunderlich und notwendig zu kritisieren, dass bislang so gar kein kreatives Potenzial in erträgliche Formen des „Liegenlassens" gelenkt wird. Dabei gäbe es vielleicht sogar überraschend „produktive" Varianten der Stilllegung. Von einschlägigen Experimenten jenseits der Sicherheitsindustrie[74] war jedenfalls noch nichts zu erfahren.

[73] Karl Ganser: „Hände Weg, liegenlassen!". In: Der Architekt, Jg. 2001, Nr. 4
[74] In ihrer Nummer 2 „Anti-Vandal. Mietbare Eigentumssicherung" hat die Zeitschrift ANARCHITEKTUR sich mit den Fenstersicherungsblechen der Firma Sitex befasst (Juli 2002).

- RITUALE

In Zeiten des Wachstums gehören Kräne, Baustellen, Richtfeste und Einweihungsfeiern zur heimatbildenden Sozialisation. In Schrumpfstädten erleben Kinder (und nicht nur sie) den entgegengesetzten Prozess: leere Fensterhöhlen, vermauerte Erdgeschosse, einbrechende Dachstühle, Vandalismus, ruderale Verwilderung. Wer nicht rechtzeitig das Weite sucht, sieht immer mehr vertraute Winkel der eigenen Biographie verschwinden. Für solche unvermeidlichen Verluste bedarf es Rituale des Abschieds – künstlerische, theatralische Aktionen oder andere Zusammenkünfte, in deren Rahmen sich individuelle Verlustempfindungen öffentlich artikulieren und so als kollektive Trauer vielleicht rationaler bewältigen lassen.

In Schwedt hatte man 2002 den Weg in die Schulen gewählt und von Kindern große Bildtransparente malen lassen, die dann in Form einer feierlichen „Vernissage" an die Fassaden bereits leer gezogener Häuser gehängt wurden. So wurde den beteiligten Schülern samt ihren Eltern ein quasi offizieller Anlass geboten, sich der wenig erfreulichen Situation ihres Wohngebiets gemeinsam zu stellen und vor den Abrissobjekten über ihre diesbezüglichen Gedanken auch einmal außerhalb des Familienkreises zu reden.

Eine ähnliche „Aktivierung zum Stadtgespräch" hatte im Sommer 2003 die Kunstaktion *Superumbau* in Hoyerswerda zum Ziel. Das Projekt rankte sich um die Niederlegung eines speziell ausgewählten Fünfgeschossers, begann am Abend vor dem ersten Abrisstag und dauerte 44 Tage, exakt bis zur formellen Übergabe der beräumten Fläche. Allmorgendlich erschien während dieser Zeit auf der Titelseite der Lokalzeitung ein kommentiertes Foto vom jeweils am Vortag erreichten Demontagestand. Darüber hinaus dokumentierten Künstler letzte Innenansichten des verschwindenden Wohnblocks, Theaterleute aus Berlin und Dresden studierten mit Laien aus der Nachbarschaft zwei Stücke aus der Entstehungszeit der Arbeiterwohnstadt ein, die sie dann vor der Abrisskulisse zur Aufführung brachten. In einer als Info-Café umgenutzten Kita wurden alte Planungsmodelle, Brigadetagebücher und persönliche Dokumente vom Leben in der Neustadt zusammengetragen, Filme zum Thema Stadtleben gezeigt, mehrere Stadtforen veranstaltet und auch das Kunstprojekt selbst kritisch zur Diskussion gestellt.

WK8P2ABBAU
HIER ENTSTEHT
1 WIESE
WK8P2 ABBAU MERZDORFERSTR. 14-18 BAUBEGINN: 15.08.2003 BAUENDE: 27.09.2003
Allround - Dienstleistung
Abriß-Arbeiten & Entsorgungen
Bürogemeinschaft / Dr. Külz - Straße 02977 Hoyerswerda
Tel. 03571 - 97 82 60

Auf andere lokale Gegebenheiten, jedoch mit vergleichbaren Erwartungen, reagierte die Künstlergruppe SPACEWALK in der traditionsreichen Tuchmacherstadt Forst an der Neiße. Nach dem weitgehenden Verschwinden der vielfältigen Textilproduktion sollten im Herbst 2003 am Marktplatz neben der Kirche mehrere Plattenbauten abgerissen werden. Um diesen die Stadt am empfindlichster Stelle treffenden Vorgang unter den Bewohnern kommunizierbar zu machen, wurde das Projekt „Forster Tuch" entwickelt: Jeder beteiligungswillige Bürger erhielt ein 1 x 1 Meter großes Stück Tuch, welches er dann nach eigenem Geschmack und künstlerischem Vermögen gestalten konnte. In einer zweiten Etappe wurden die Tücher wieder eingesammelt und zu einem gigantischen Flickenteppich zusammengefügt, von dem ein riesiges Stück mehrere Wochen vor der Abrissbrache aufgespannt wurde. „Die Forster sollen beim Prozess der Stadtentwicklung nicht nur als Zaungäste das Abrissgeschehen beobachten", so die Initiatoren über ihr Projekt in der örtlichen Presse. „Sie sollen ermuntert werden, sich gemeinsam auch über das Danach den Kopf zu zerbrechen, eigene Vorschläge zu entwickeln – damit sie Abriss nicht als Bedrohung empfinden."[75] Zur Eröffnung ihrer mehrmonatigen Intervention inszenierten die Künstler drei Sommerabende lang mit Illuminationen, Großprojektionen und Schattentheater (von Schülern des örtlichen Gymnasiums) eine in dieser Kleinstadt nie zuvor gesehene Openair-Performance. Auf die leeren Plattenfassaden wurden Bilder aus der Geschichte des Forster Marktplatzes projiziert; nach dem Verschwinden des realen Hauses sollte dann das ähnlich spektakulär präsentierte „Forster Tuch" eine „Zukunft" verkörpern – mit welchen Assoziationen auch immer. Der Zuspruch zu dem Gesamtprojekt, ablesbar an der Nachfrage nach Tüchern, übertraf die kühnsten Erwartungen.

Ohne Zweifel bedarf der Griff zur Kunst einer erheblichen Sensibilität, denn gerade bei den „Dableibenden" handelt es sich zumeist um Stadtbewohner mit einer ausgeprägt emotionalen Bindung an die zu verabschiedenden Orte. „Es ist ziemlich makaber, dass man feiert, wenn etwas weggerissen wird. Man sollte feiern, wenn man etwas aufbaut",[76] in diesem Tenor hatten etliche Bewohner Hoyerswerdas das *Superumbau*-Projekt kritisiert.

[75] *Tilo Winkler: Spinnstunde im Textilmuseum. In: Lausitzer Rundschau vom 12. Juni 2003*
[76] *Zit. bei Klaus Trende: Das Volk ist nicht tümlich. In: Lausitzer Rundschau vom 22. August 2003*

Deshalb sei auch der ganz andersartige Fall einer stillen und anonymen Symbolhandlung erwähnt: Der Leipziger „Spaziergangsforscher" Bertram Weißhaar hatte in Frankfurt (Oder) einen leeren Steinsockel entdeckt, an dessen vor langer Zeit verschwundenes Denkmal sich niemand mehr erinnern konnte; trotzdem war der funktionslose Torso bei der Renovierung seines Platzes gärtnerisch neu gefasst geworden. Weißhaar widmete den herrenlosen Sockel im Mai 2003 neu, indem er eine Messingtafel mit der Inschrift Ich Bleibe anbrachte. Ob sich die intime Zwiesprache zwischen dem ironisch besetzten Stadtobjekt und nachdenklichen Passanten in der gewünschten Weise entfaltete, muss offen bleiben. Die Frankfurter Tafel wurde irgendwann entwendet, aber die Idee eines „Monuments für die Bleibenden" fand Nachahmer in Dessau.

Abschließend sei noch von jenem überhaupt nicht stillen Abschiedsritual erzählt, das selbst unter notorischen Skeptikern auf Anklang hoffen darf: Bevor in Rostock das ehemalige Interhotel Warnow abgerissen wurde, gaben die Betreiber am letzten Abend ein Fest für alle, die am Bau und Betrieb des Hotels über die vielen Jahre hinweg irgendwie beteiligt gewesen waren. Man feierte in allen Räumen, versteigerte, was vom alten Inventar noch vorhanden war und trank in sentimental-fröhlicher Runde sämtliche Reste des Hotelkellers aus.

- SPEKTAKEL

„Der Abriss von Gebäuden ist ein Ereignis, das seit jeher Schaulustige anzieht. Warum kann dieser spektakuläre Vorgang nicht auch einmal als Event gestaltet werden: moderiert, mit Interview des Sprengmeisters und technischen Erläuterungen, abends, unter dramatischer Beleuchtung, mit Musik, Bier und Würstchen? Oder gibt es sogar den ersten Schlag mit der Abrissbirne zu gewinnen? Wenn in Berlin Baustellen zu Sehenswürdigkeiten inklusive Eintrittsgelderhebung werden konnten, warum nicht erst recht die noch viel aufregenderen Abrisse in Schwedt oder Hoyerswerda?"[77] Der Vorschlag klingt heikel, doch er sieht sich mit seiner leicht zynischen Attitüde offenbar im Einklang mit dem Geist der Zeit. Im Juli 2003 hatte es im

[77] Achim Schröer: Stadtumbau und Spaß dabei. In: planungsrundschau, Jg. 2000, Nr. 5

Leipziger Osten tatsächlich einen solchen, von der Stadt mit einigem Aufwand inszenierten „Ersten Baggerbiss" gegeben. „Eine Baggerschaufel schlägt durch die Außenwand eines Hauses. Es stiebt. Visionäre Heiterkeit kommt nicht auf. Nicht jedes Bild wirkt, wie man es sich vorgestellt hat. Aber die Leute reden miteinander."[78] Soweit der lakonische Kommentar zweier Augenzeugen.

Rückt man hierbei die heimliche Lust am Krawall allerdings nur etwas in den Hintergrund, lassen sich fließende Übergänge vom *Spektakel* zum ritualisierten *Event* leicht finden. Wie die ersten, durchaus noch suchenden Beispiele in Hoyerswerda, Forst und Halle-Neustadt zeigen, werden hybride Strategien, die sowohl mit dem Spaßbedürfnis als auch dem Diskussionsbedarf der Betroffenen rechnen, wohl die übliche Form einer öffentlichen Bearbeitung von Schrumpfungsproblemen werden.

- PIONIERGEIST

Rückzugsprozesse sind mit erheblichen psychischen Belastungen verbunden. Das Ausharren in schrumpfenden Regionen und Orten wird unvermeidliche Härten mit sich bringen, die im Bewusstsein einer freiwillig akzeptierten und mit entsprechendem Sozialprestige honorierten Bewährungssituation leichter zu ertragen sind.

Um die Kraftpotenziale solch symbolischer Rückenstärkung besser zu verstehen, lohnt es, einen Blick auf die „heroischen" Gründungsphasen der Industrieneustädte in der DDR zu werfen. „Wir sind dann in das Kombinat Schwarze Pumpe gezogen, das damals gebaut wurde [...] haben das Wachsen einer Stadt miterlebt, ein aufregendes Abenteuer, wilde Zeit, Goldgräberzeit..."[79] Die Literatur jener Aufbauphase war durchwirkt von Motiven, in denen das harte Leben auf den Großbaustellen mit allerhand positiven Mythen umsponnen erschien. Als Spezialisten für Neuland, für das Legen von Fundamenten stilisiert, ein andermal als Abenteurer und Glückssucher umschwärmt, waren die Helden jener waghalsigen Bauprojekte im ganzen Land, besonders aber unter Jugendlichen, aller Bewunderung wert, „jene Veteranen zwischen dreißig und vierzig, die sich auf den Stationen Sosa, Bruchstedt, Wismut, Stalinallee, Schwarze Pumpe ge-

[78] *Antje Heuer/Stefan Rettich: Leipzig. Architekten ohne Architektur. In: arch+, Jg. 2003, Nr. 166, S.60*
[79] *Brigitte Reimann: „Aber wir schaffen es, verlaß Dich drauf!" Berlin 1999, S. 176*

troffen haben und wiedertreffen werden in Schwedt, Boxberg, wer weiß wo, in einem heute noch nicht existierenden Kraftwerk, in einer noch nicht projektierten Stadt. [...] Die haben alle Herkulesarbeiten der Welt getan, während wir zur Großen Pause auf den Schulhof rannten [oder] in der Tanzstunde langsamen Walzer übten." [80] Derart vom Propagandavorbild zum Idol befördert zu sein, erleichterte es den Bauarbeitern und Erstbewohnern, all die Zumutungen des Neusiedlerdaseins auszuhalten, „die jahrelang ungepflasterten Plätze, die im Herbst verschlammten und sommers Sandfahnen schleppten im böigen Wind..." [81] Mehr noch, man konnte sich dabei sogar noch unschlagbar fühlen – wie die legendäre Eröffnungsszene des DEFA-Films *Spur der Steine* illustriert, in der Ballas Zimmermannsbrigade breitbeinig wie eine Schar glorreicher Westernhelden auf die Kamera zu marschiert.

Natürlich braucht ein „Heldentum des Rückzugs" andere Bilder, selbst wenn durchaus mit vergleichbaren Erschwernissen zu rechnen sein wird – mit dem Rauerwerden der Sitten, einem Sinken etlicher Standards und damit einem Nachlassen bislang selbstverständlichen Lebenskomforts. Noch kräftezehrender als solch äußere Unbill dürfte die Erfahrung des allmählichen Zurückbleibens an Orten sein, die im öffentlichen Image als aufgegeben gelten. Um sich dort nicht wie in der Verbannung zu fühlen, werden positive Stimmungen im Umgang mit der um sich greifenden Leere dringend gebraucht. Auf der Suche nach solchen stabilisierenden Erfahrungen spielen Künstlerprojekte eine wichtige Rolle.

„Dostoprimetschatjelnosti" (russisch für: Sehenswürdigkeiten, von den Akteuren selbst bald nur noch liebevoll „Dosto" genannt) geht auf Ideen einiger Studenten der Kunsthochschule Berlin-Weißensee zurück. [82] In Hellersdorf am nordöstlichen Stadtrand Berlins hatten seit Jahren zwei elfgeschossige Punkthochhäuser leer gestanden, von denen eines für drei Monate im Sommer 2002 noch einmal „in Gang gebracht" wurde. Ziel war ein internationales Workcamp für Architektur-, Design- und Kunststudenten. Nach einem Internet-Aufruf meldeten sich weltweit mehrere Hundert Aspiranten, von denen schließlich 46 Teilnehmer aus 17 Ländern eingeladen (oder besser: zugelassen) wurden. Das Projekt verstand sich als Experimentierfeld für den praktischen Umbau der so übel beleumdeten Plattenbauten, als Test für die Aufge-

80 Brigitte Reimann: Franziska Linkerhand. Berlin 1974 (Neuauflage 1998), S. 360
81 Ebenda, S. 516
82 Siehe hierzu Axel Watzke/Christian Lagé/Steffen Schuhmann (Hrsg.): Dostoprimetschatjelnosti. Hamburg 2003

schlossenheit der Nachbarschaft sowie als kultureller Leuchtturm in der allerfernsten Peripherie einer Großstadt. Mit erstaunlich geringen baulichen Veränderungen ließen sich in dem aufgegebenen Wohnturm vollkommen unerwartete Neunutzungen realisieren: diverse Bars, Minikino, ein Tonstudio, eine Diskoetage, ein „Liebeshotel", Werkstätten, Galerien usw. Der mediale Erfolg von „Dosto" war sensationell, er führte vorübergehend sogar zu einer *Lifestyle*-Debatte über ein mögliches „Chic-Werden" von Plattenbauten als neuer Insidertrend.

Weniger im freien und selbstbezüglichen künstlerischen Spiel, als bereits deutlich von den Konflikten realer Stadtschrumpfung überschattet, bewegten sich zwei Projekte in Halle-Neustadt.

„Kulturblock" heißt ein Verein, der sich dem mittelfristig zum Abriss vorgesehenen Wohnkomplex Niedersachsenplatz verbunden hat. Dort wurden in einem nur noch teilweise bewohnten Zwölfgeschosser eine „Künstlerherberge" eingerichtet sowie im Sommer 2003 zwei Wochen lang leere Wohnungen zu öffentlichen Kunsträumen umgewidmet. Ein begleitendes Symposium befasste sich mit verschiedenen Aspekten städtischer Krisenbewältigung. In einem ehemaligen Frisörladen, der als improvisiertes Café diente, fanden Kinoabende statt, darunter die Premiere eines Interviewfilms, den zwei Studentinnen der Kunsthochschule Burg Giebichenstein mit Umzugsbetroffenen aus Abrissgebieten hergestellt hatten – unter reger Anteilnahme der gesamten Nachbarschaft.

Was sich ebenfalls im Sommer 2003 monatelang in „Scheibe A", einem der fünf Hochhaustürme im Stadtzentrum von Halle-Neustadt ereignete, ließ sich nicht mehr klaren Projektkategorien zuordnen. Das Großprojekt „Hotel Neustadt" war maßgeblich von jungen Architekten des Berliner Netzwerks *raumlabor* entwickelt worden. Sie animierten Jugendliche der Neustadt, acht Etagen des bereits jahrelang stillgelegten Hochhauses zu reaktivieren und die ehemaligen Internatswohnungen als funktionstüchtiges Hotel herzurichten. Das Hallenser Thalia-Theater verlegte sein alle zwei Jahre stattfindendes internationales Theaterfestival von der Altstadt in die Neustadt und erklärte die Gesamtaktion zum „Festival". Dessen Teilnehmer wohnten nicht nur in dem improvisierten Hotel, sondern „bespielten" allabendlich auch diverse Räumlichkeiten des Hauses. Nach den Auftritten traf man sich im originalen Kellerclub des ehemaligen Studentenheims oder in jener noch einmal eröffneten Espressobar, deren Verschwinden vor langer Zeit zur Verödung des Platzes merklich beigetragen hatte. Das Theatertreffen wurde durch Rahmenprogramme speziell für Jugendliche ergänzt (Skate- und Radsport-Artistik, aber auch Rap-Konzerte in der desolaten Empfangshalle des Neustädter S-Bahnhofs), so dass während der vier Festivalwochen sich dieser zwar zentrale, aber vernachlässigte Ort inmitten von Halle-Neustadt zu einem Schauplatz von vibrierender Urbanität verwandelte. Die Resonanz überstieg alle Erwartungen, die Lokalzeitung wie auch der zuständige Rundfunksender hatten sich mit eigenen Büros im „Hotel" niedergelassen. Die Nachfrage nach Übernachtungen (und das hieß: zum spontanen Mitspielen beim Festival) war so groß, dass es an Wochenenden schwierig wurde, noch eines der rund 80 Zimmer zu bekommen.

Ob Künstlerkommune, Nachbarschafts(kunst)haus oder Theaterhotel – allen Projekten gemeinsam ist die Idee, den leer gefallenen Behausungen neue, noch unerkannte Nutzungsmöglichkeiten abzugewinnen. Da treffen sich die theoretisch hoch reflektierten Medienkampagnen vom *Studio Urban Catalyst* mit unbekümmerter Praxis an notfalls anonymen Orten. Jugendliche, Künstler, „Spinner" also in des Wortes produktivster Bedeutung, besetzen im Verein mit Bleibewilligen und Neugierpublikum Räume, die bereits zum Abriss freigegeben sind und werfen in spielerischer Weise die stets gleiche Frage auf: Sind diese „abgemeldeten" Baustrukturen nun grundsätzlich überflüssig, oder sind sie einfach nur aus dem herkömmlichen Nutzungsstereotyp herausgefallen? Ließe sich über neue Nutzungszuweisungen, also durch „neue Programmierung der *Software*", eine Weiterexistenz so mancher Gehäuse rechtfertigen?
Die unverzichtbare Publicity für solche Denkanstöße wird über das Medium „Kunst" erzeugt, durch Ausstellungen, Inszenierungen, Filmvorführungen, Gesprächsrunden und Partys in den leeren Wohnungen, doch lassen ganz pragmatische Umnutzungsversuche nicht lange auf sich warten: Herbergen für Künstler und Bildungstouristen auf Durchreise oder Obdach für Jugendliche auf der Flucht vor dem trauten Heim,

kostensparend improvisiert und in Eigenleistung hergerichtet, lassen neue Aneignungsformen für die aus allem Verwertungsdruck entlassenen Immobilien aufscheinen, auf deren weiterreichende Ausformulierungen man gespannt sein darf. Endlich Sand im Getriebe der allzu geschwinden Abrissmaschinerie?

Und noch ein letztes Votum zugunsten der bunten Künstlerkarawane: Was diese „Raumpioniere" (Klaus Overmeyer) für ihr Treiben auf unbekanntem Terrain prädestiniert, ist erstens die Freiwilligkeit, mit der sie sich den Unbilden stillgelegter Häuser aussetzen – vier Monate in einem Hochhaus ohne Fahrstuhl und Duschen, wie im Hellersdorfer „Dosto"-Projekt absolviert, kommen einem Robinson-Test auf einer wilden Insel gleich. Zweitens ist förderlich, dass sie sich mit Nischen und Selbsthelfersituationen bestens auskennen, und drittens sind ihnen brüchige Erwerbsbiografien als Normalfall vertraut. Für erfahrene Projekt-Aktivisten sind Zuschussgelder, also Transferverhältnisse, weder lähmend noch ehrenrührig. „Ihnen ist die Finanzierungsform egal, wenn sie einigermaßen existenzsichernd ist und zugleich Spielraum für die Realisierung avancierter Projektideen und für Experimente lässt".[83] Aufgrund ihrer Erfahrungen mit prekären Lebensumständen sind Künstler besonders geeignet, Gegenmodelle zur herkömmlich bürgerlichen Existenz auszudenken und auszuprobieren, Modelle, in denen andere Maßstäbe für gelungenes Leben, für Glück oder gesellschaftliche Anerkennung gelten.

„Den leer stehenden Raum mit Aktion füllen, nicht mit Material", hatte Anne Hahn, die Intendantin des Hallenser Thalia-Theaters, ihr Festivalprojekt programmatisch definiert. So werden an bereits totgesagten Orten nicht nur neue Lebenszeichen gesetzt, sondern visionäre Ausblicke eröffnet – auf ein *soziales* Anderssein, ohne das den betreffenden Orten tatsächlich keine Zukunft bleibt.

83 *Konstanze Kriese: Von Schneeballeffekten und Durchlauferhitzern. Allianzen zwischen Kulturarbeit und Arbeitsförderung. In: Kristina Bauer-Volke/Ina Dietzsch: Labor Ostdeutschland, a.a.O., S. 165*

126 | 127 RÜCKBAUKULTUR UND „NEUES PLANEN"

5   WAS BLEIBT? NEUE LANDSCHAFTEN

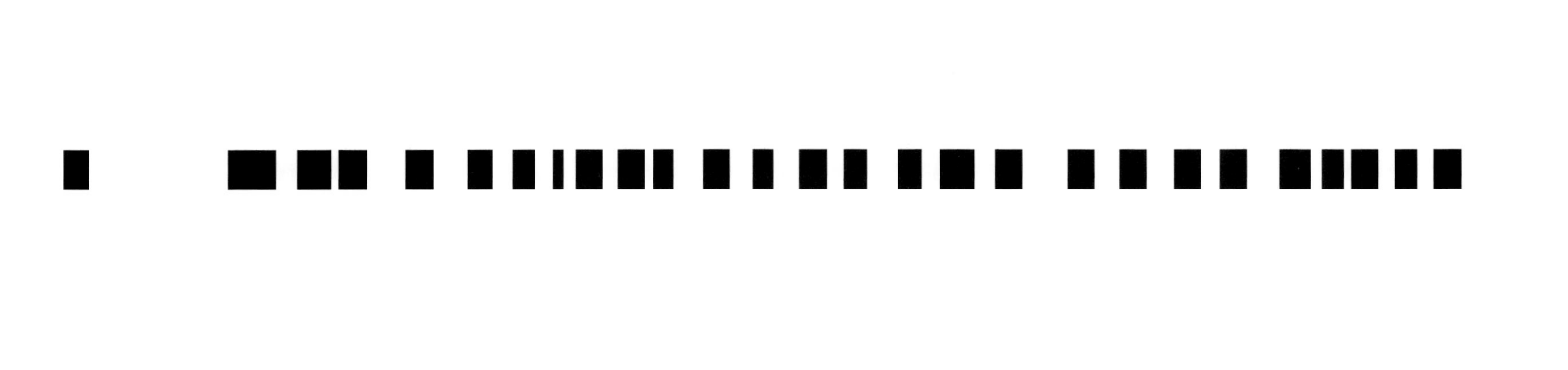

WAS BLEIBT? NEUE LANDSCHAFTEN

> „WENN SIE IN EINEM STRUDEL LEBEN, SOLLTEN SIE ZWEI DINGE BEACHTEN. ERSTENS, SIE SOLLTEN WISSEN, AN WELCHES UFER SIE SCHWIMMEN WOLLEN. UND ZWEITENS: GEBEN SIE ACHT, DASS IHRE NÄCHSTEN ZÜGE GROB IN DIESE RICHTUNG ZIELEN. GENAUERE ANGABEN GIBT ES NICHT, UND WENN SIE WELCHE SUCHEN, WERDEN SIE HÖCHSTWAHRSCHEINLICH DABEI ERTRINKEN."
> (Immanuel Wallerstein)

1972 hatte der *Club of Rome* mit seiner Globalexpertise „Grenzen des Wachstums" das bis dahin unverwandt auf Zuwachs und Beschleunigung fixierte Denken aufgestört. Motiviert von jenem Appell, aber letztlich getrieben von einer ganz konkreten Schockerfahrung – der „Ersten Ölkrise" – begann Ökologie sich als weltumspannendes Zukunftsthema zu entfalten. Leider ist es seither mit einer ökologischen Weltverantwortung, gar Umsteuerung weder stetig noch rückschlagsfrei voran gegangen. Im Gegenteil: Die Kapitulation des „Systemgegners Sozialismus" hat in Sonderkonjunkturen und vorübergehender Aussicht auf Marktexpansion noch einmal die Erwartungen an eine ins Grenzenlose ausdehnbare Warenproduktion angeheizt, mitunter in geradezu hysterischer Heftigkeit.

Mit einem bisschen Mut zur Übertreibung ließe sich nun behaupten, die so sträflich sorglosen Verschwendungsgesellschaften erhalten noch eine zweite Chance, das Ruder herumzuwerfen, den unumgänglichen Paradigmenwechsel in Angriff zu nehmen. Diesmal ist es keine Energiekrise (noch nicht), sondern es sind die Krisensymptome der sich rapide ausbreitenden Verliererregionen, die die notwendigen Fragen aufwerfen. Und die eher früher als später zum Handeln zwingen, wobei es gleichgültig wäre, ob man dann von „gesteuerter Entwicklung" spräche oder von „Schadensbegrenzung", wenn es nur gelänge, die Schrumpfung der von Deindustrialisierung und Peripherisierung betroffenen Städte und Regionen zu den ihnen eigentümlichen Bedingungen – also in Abkehr von allen zwanghaften Wachstumsbeschwörungen – zu bewältigen. Ein neues Funktionsverständnis, eine neue Nutzungsidee, wieder eine *Raison d'être* für die aus den globalen Konkurrenzen ausgeschiedenen Räume finden – damit würde ein wichtiger Schritt in Richtung auf praktische Nachhaltigkeit getan, eine Reifeprüfung absolviert im Grundkurs ökologischen Denkens und Handelns.

In der Politik erscheint Zukunft inzwischen fast nur noch als graues Feld von Statistiken. Rechengrößen treten an die Stelle der Frage, was wir eigentlich wollen. Je tiefer der Versuch einer Neuorientierung, eine neu formulierte Sinnfrage diese unfruchtbaren Denkstrukturen aufrührt, und je länger es vermutlich dauert, bis Ergebnisse des Wandels sichtbar werden, desto verlockender muss die Idee sein, mit der man sich auf den Weg macht. Was wir also brauchen, ist eine Vision, die genügend Faszination weckt, um alle zu erwartenden Widerstände, aber auch eigene Zweifel, Erschöpfungen und sonstige Anfechtungen auf sich nehmen zu können.

Das Projekt eines Leitbildwandels, eine gewaltige soziale wie kulturelle Anstrengung mit offenem Ausgang, erfordert nicht nur Kraft, sondern auch Stehvermögen. Doch auch vor allzu konkreten Bildentwürfen sei gewarnt: Zu komplex sind die zum Umbau anstehenden Verhältnisse, zu wenig vorhersehbar die Wege, die eine Gesellschaft „lernend" beschreitet. Am besten, man weckt Vorfreude auf die Gewinne, die durch den Wandel zu erlangen sind. Und da geht das Abenteuer auch schon los: Bei „Gewinn" sei jetzt nicht an das Klingeln von Kassen gedacht, daraus wird eher wenig zu verteilen sein. Vielleicht lässt sich notwendige Neugier ja auf etwas viel Inspirierenderes wecken – auf immaterielle Reichtümer, auf die Entfaltung bislang ungeübter Freiheiten. Auf einen Zugewinn an Emanzipation.

Mehr an Prognose ist nicht drin. Aber die klingt doch gar nicht schlecht.

DIE ENTDECKUNG DER GELASSENHEIT

„Alle kennen das Berlin-Warschauer Urstromtal, nicht aber den *Metropolitan Corridor*, in dem Berlin auch liegt. Äußerlich gesehen verläuft er in West-Ost-Richtung und zieht sich über mehr als 2000 Kilometer hin. Seine wichtigsten Stationen sind Berlin-Posen-Warschau-Brest-Minsk-Moskau-Smolensk. [...] Am besten erkennt man ihn, wenn man das östliche Europa bei Nacht überfliegt: er glitzert in einer Ebene, die ansonsten im Dunkel liegt. Die Städte, die im *Metropolitan Corridor* liegen, haben mehr miteinander zu tun als mit den Provinzen, die sie umgeben. Die zivilisatorische Differenz, die man beim Verlassen des Korridors durchmisst, scheint größer als die Distanz zwischen den Städten. Im Korridor herrscht Hochbetrieb, [hier] herrscht CNN-Zeit. Sie ist in Moskau nicht anders als in Warschau oder Berlin. Dort ist man jederzeit erreichbar. Hier funktionieren Handy, E-mail und Fax. Wer den Korridor verlässt, fällt aus der CNN-Zeit heraus. Er ist nicht mehr erreichbar, oft nicht einmal durch die Briefpost, auf die kein Verlass mehr ist. Hier gibt es keine Highways. Hier gibt es vielleicht schöne Wälder, aber keine Hoffnung und keine Arbeit mit Perspektive. Während im Korridor die zivile Armada der Trucks rollt, leuchtet in der Dunkelheit, die jenseits des Korridors herrscht, der Mond. Tau fällt. Irritiert schauen die Störche aus ihren Nestern auf den Telegraphenmasten auf den Lärm. Die Tankstellen des Korridors werden zum Treffpunkt der Dorfjugend mit der weiten Welt..."[84]

Warum soll nicht auch Literatur der Erkenntnis auf die Sprünge helfen? In dem hier zitierten Text von Karl Schlögel ist der Wandel der Verhältnisse in beeindruckend sinnliche Bilder gebracht: Die weltweite Vernetzung und Beschleunigung aller Waren-, Finanz- und Informationsströme, kurz Globalisierung genannt, verändert die uns bekannte Welt in einem bis dahin nicht vorstellbaren Maß. Selbst die „bodenständige" Geografie unserer Schullehrbücher verliert an Bedeutung, sie wird regelrecht umgezeichnet angesichts völlig neu zu denkender Wegebeziehungen, die man heute weniger in Meilen oder Kilometern, als in Stunden oder gar Minuten misst. Wir verlassen die Weite endloser Landschaften, um uns durch den *Time Tunnel* zu katapultieren. Sich in dieser neuen Geografie zurechtzufinden, ist nun nicht allein ein Problem der Logistik,

[84] *Karl Schlögel: Kiosk Eurasia. In: Kursbuch 137 „Berlin. Metropole". Berlin 1999, S. 170*

sondern es wird auch zu einer Frage von Leistungsvermögen und „Lebensstil": Dabei sein ist alles. Notfalls um jeden Preis. Doch wie hoch ist der? Und wer ist fit genug, da mitzuhalten, das auszuhalten?

Schlögel, ein zentraler Stichwortgeber in den Urbanitätseuphorien der 90er Jahre, berührt die letzteren Fragen nur indirekt. In seinem Text wird die Existenz einer „anderen Seite" angedeutet, doch die ist für ihn lediglich Schattenreich, Restraum der Zurückbleiber, „vielleicht schöne Wälder, aber keine Hoffnung". Andererseits: Mondschein in richtig dunklen Nächten, Störche auf Telegrafenmasten? Sind die denn gar keine Begeisterung wert? Auch wenn man sich vor allzu verkürzender Gegenüberstellung von „Arbeit mit Perspektive" und „Taufall am Morgen" hüten sollte – gerade die Wahl dieses leisesten Naturphänomens macht doch deutlich, welche schätzens- und schützenswerten Seiten des Menschseins bei dem rasenden Wachstums- und Beschleunigungstaumel auf der Strecke bleiben.

Wie wäre es also, wenn wir den so anschaulich beschriebenen *Metropolitan Corridor* einmal in voller Absicht verließen, voller Neugier und Erfahrungslust? Wenn wir die weniger lauten, weniger rasanten, die so offensichtlich unrentierlichen Landschaften nicht immer nur als das Übriggebliebene, den „doofen Rest" betrachteten, sondern wenn wir sie wegen ihrer ureigenen Chancen und positiven Aussichten aufsuchten? Es kann doch nicht sein, dass, wer im Globalisierungswettlauf nicht mithält, überhaupt zu nichts taugt. Allein schon das Wörtchen „gnadenlos", das den ökonomischen Konkurrenzen heute in ungetrübter Selbstverständlichkeit angehängt wird, schreit doch geradezu nach Räumen, die unter anderen Maßgaben funktionieren, in denen andere Werte und Regeln gelten und wo deshalb andere Vorstellungen von Leben nicht nur fabulierbar, sondern auch realisierbar sind. Und diese Räume bräuchten der allgewaltigen, „gnadenlosen" Verwertungsmaschinerie nicht einmal mit Mühen abgerungen werden. Sie sind schlicht da.

SLOW CITIES

Seit noch nicht sehr langer Zeit macht eine Initiative namens *Slow City Movement* von sich Reden. Nach einer Idee der Bürgermeister von Orvieto und Greve im Chianti haben sich inzwischen fast fünfzig italieni-

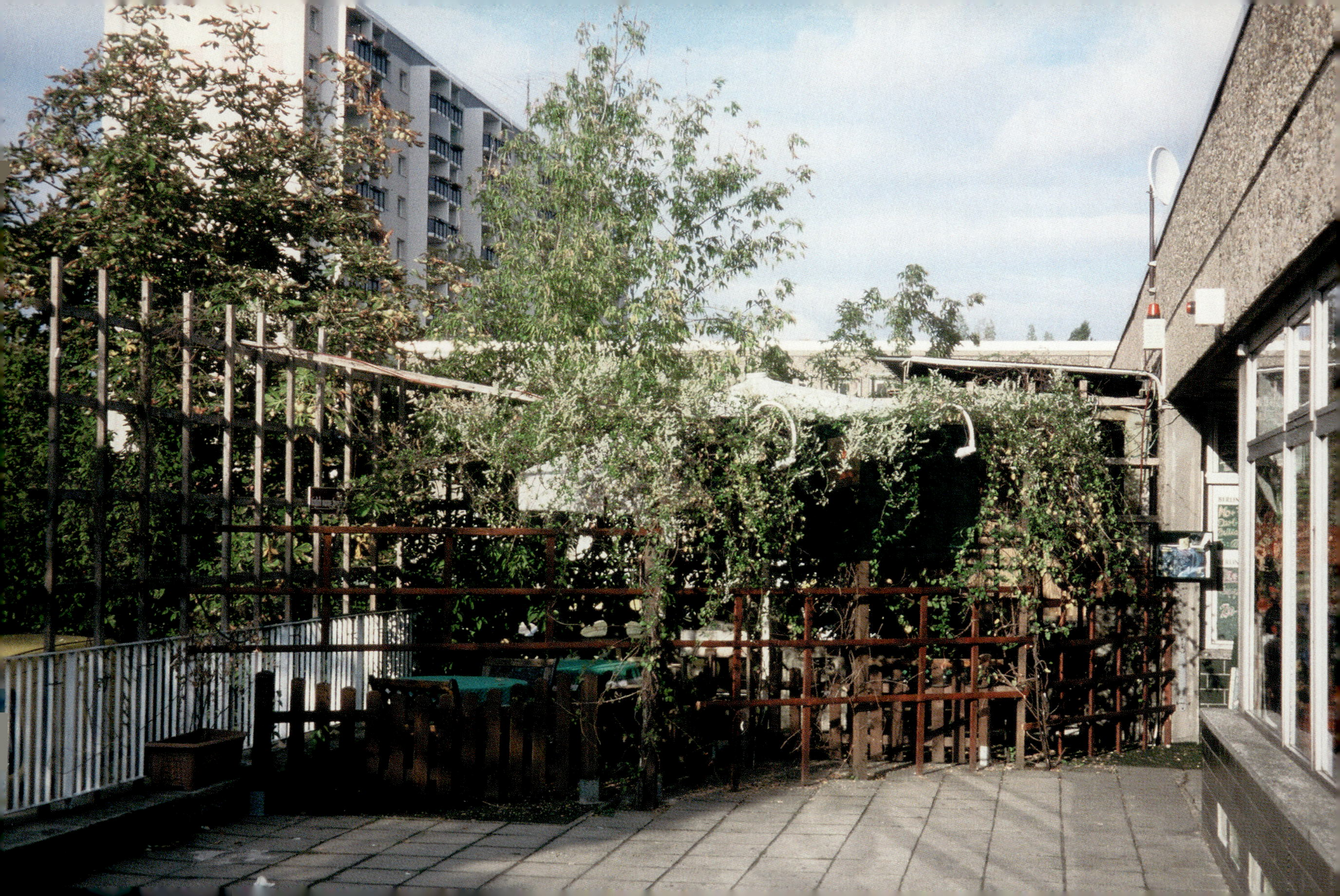

sche Städte zu dieser „Bewegung der langsamen Städte" zusammen geschlossen, um dem Druck der Globalisierung und der damit einhergehenden Uniformierung der Alltagswelt ein ausgeprägt eigenes Profil in lokaler Produktion und Handelsangebot entgegen zu setzen. Dabei ist „langsam" nicht unbedingt in seiner deutschen Bedeutung zu verstehen. Verfolgt man die Hintergründe dieser Begriffswahl, so stößt man auf *Slow Food*, also auf jenen Versuch, der Übermacht des allgegenwärtigen *Fast Food* eine weniger hastige, bewusstere und mithin gesündere Esskultur entgegenzusetzen. Auch *Slow Cities* reagieren also auf etwas: auf zuviel Hektik, zuviel Geschäftigkeit, überbordende Bürokratie. Glaubt man ihrer Charta, so gelten in ihnen andere Prioritäten: Lebensfreude vor Profit, Bürgerstolz vor Ämterrespekt, Gemächlichkeit vor Tempowahn. Vielleicht sollte man *slow* einfach mit *entspannt* übersetzen.

Das *Slow City Manifest* nennt über 50 Kriterien, um die man sich zu kümmern verspricht – von Lärmreduzierung und Verkehrsberuhigung über eine Unterstützung für Produzenten und Verkäufer regionaler Produkte bis zur Verbannung von Supermärkten und aufdringlicher Leuchtwerbung aus den Altstadtkernen. In den Schulen bekommen die Kinder Obst und Gemüse aus „garantiert heimischem Anbau". In mancher *Slow City* wurde mitten in der Woche ein zusätzlicher Ladenschließtag eingeführt – wie es heißt, „um die Geschäftsgier und die Kaufwut zu bremsen".

Natürlich verlangen auch kritische Stimmen Gehör, verweisen auf die Grenzen der „Entspanntheit": Die Jugend lässt sich nur ungern zu gedämpfter Musik oder zu Schritttempo auf der Vespa verdonnern. Und fragt man die gemütlichen Ladenbesitzer mit den Sortimenten aus dem regionalen Angebot, so wird man von denen die selben Klagelieder vom kräftezehrenden Überlebenskampf hören wie überall auf der Welt. Überhaupt gibt zu denken, dass die Idee aus dem prosperierenden Norden Italiens im darbenden *Mezzogiorno* keine Nachahmer fand. Wird hier also ein freudiges Verzichten gefeiert, das sich nicht jeder leisten kann? Trotzdem: In der *Slow City* Bewegung steckt ein inspirierender Kern, den es gegen alle Vorwürfe des „elitären Toskana-Luxus" oder einer rein folkloristischen Brauchtumspflege zu verteidigen gilt. Dieser Kern besteht in der Konsequenz, mit der die verschiedenen Ebenen von „Verlangsamung" als zusammengehörig betrachtet werden. Die Pflege historischer Kulturzeugnisse, die Absage an die Endlosspirale aus Expansion und Beschleunigung oder die gezielte Förderung lokaler und regionaler Ökonomien werden als Wege in eine gemeinsame Richtung erkannt: Kleiner werden, leiser, behutsamer, wieder überschaubar. Und keinesfalls muss „das Lokale" sich auf die touristisch verwertbare Attraktion beschränken. Was funktional dahinter steckt, sind einerseits Wertschätzung und Verteidigung der eigenen Belange, zum anderen die *kleinen Kreisläufe*. Sie sind es, die als ökonomisches Prinzip übrig bleiben, wenn ganze Regionen von den weltweiten Produkt- und Finanzströmen abgekoppelt werden – als Subsistenzwirtschaften in akuter Überlebensnot,[85] oder als den übermächtigen Konkurrenzen bewusst entzogene Alternative vernünftiger Produktion und Verteilung (als „vernünftig" gilt hier ein Wirtschaften, das sich wieder am konkreten Bedarf statt allein am *Shareholder value* orientiert). „Es ist nicht leicht, gegen den Strom der Globalisierung anzuschwimmen", gestand die Bürgermeisterin der kleinen piemontesischen Stadt Bra im Interview, „aber wir halten unsere ‚Philosophie der Langsamkeit' für die menschlichste Art, städtisches Leben zu organisieren. Und wir stellen fest, dass sich über unser Beispiel ein Nachdenken entfaltet, ein regelrechter Kulturdiskurs über die Vorzüge von Lebensweisen, die sich weniger unter Druck setzen und weniger normieren lassen".[86]

Überzeugt, damit auf ein tiefes Bedürfnis unserer Gesellschaft zu treffen, plädiert der französische Landschaftsarchitekt Christophe Girot sogar für eine neue, widerspenstige Interpretation des Landschaftsbegriffs, indem er dem englischen *Landscape* sein *Slowscape* entlehnt. Hierbei liegt aller Wert auf der freien Entscheidung: „Langsamkeit bedeutet nicht, dass man nicht in der Lage wäre, schneller zu sein. Sie zeichnet sich dadurch aus, die Zeit bewusst nicht zu übereilen, sich nicht ihrem Druck auszusetzen, sondern spricht unsere Fähigkeit an, die Welt aufzunehmen, ohne uns selbst dabei zu vergessen."[87]

Kulturtheoretiker wiederum beschreiben *Entschleunigung* als ein „Nachlassen der Existenzzumutungen", wovon sie erhoffen, die Menschen könnten sich wieder mehr ihrer Rolle als Eltern, Familienmitglieder, Bürger eines Gemeinwesens widmen. Nur dort, im sozialen Nahbereich, würde durch Erziehung

[85] *Moskauer Soziologen beschreiben ausführlich, wie in der postsowjetischen Transformationskrise der 90er Jahre individuelle Überlebenstechniken nicht auf Gemüseanbau in Kleingärten beschränkt blieben, sondern unter Einbeziehung von Dienstleistungen aller Art weitreichende informelle Versorgungs- und Dienstleistungsketten unter Verwandten und Freunden aufgebaut wurden.*
Vgl.: Nick Manning/Ovsey Shkaratan/Natalya Tikhonova: Work and Welfare in the New Russia. Aldershot 2003
[86] Carl Honore in: National Post, siehe http://strans.org/slowlink.html
[87] *Christophe Girot: Statt Volkspark und Themenpark – Ein Plädoyer für Zeit-Räume.* In: Kornhardt/Pütz/Schröder: Mögliche Räume, a.a.O., S. 165

und Aufbau stabiler Freundschaften sowie durch Teilhabe an politischen Aushandlungsprozessen die alltägliche Kultur einer Gesellschaft reproduziert. Dagegen hätten ständig wachsender Tempodruck und permanent abgeforderte Flexibilität bereits zu spürbarer Erosion dieser „Kulturproduktivität" geführt.[88]

Es sind also verschiedene Begründungen vorstellbar, dem unentwegten „Schneller, höher, weiter" Momente des Innehaltens entgegenzusetzen. Gemeinsam ist ihnen, dass sie aus rationaler Kritik an Prinzip und Folgen der Globalisierung individuelle, lebenspraktische Schlüsse zu ziehen versuchen – im Gestus der Verweigerung. Was spricht daher eigentlich, wenn die ostdeutschen Länder im „Hinterhof" der Weltökonomie ohnehin zu den radikaleren Experimenten verurteilt sind, gegen eine *Entschleunigungs-Initiative Ost*? Auch unser Münchner Manager muss an etwas derartiges gedacht haben, als er im bereits zitierten „offenherzigen Gespräch" vorschlug, „mit der Formel von den ‚blühenden Landschaften' einmal Ernst zu machen. Wo findet man denn mitten in Europa so reizvolle, abwechslungsreiche, weiträumige Landschaften wie in Ostdeutschland – dünn besiedelt, von Industrie, Abgasen und Beton verschont? *Liegen hier nicht Ansatz und Ressourcen für eine ganz andere Standortpolitik?*"[89]

Bereitschaft ist schon erkennbar, den Mann beim Wort zu nehmen, und zwar in einer Gegend, in der es keiner so schnell erwartet hätte – in Sachsen-Anhalt. Auf der Suche nach einem einprägsamen Image für die Teilnahme an der dortigen *IBA Stadtumbau* hat sich die kleine Stadt Köthen auf einen früheren Mitbürger besonnen, einen gewissen Samuel Hahnemann, der als Hofmedicus vor über 150 Jahren die Homöopathie erfand. Unter dem Slogan „Gesundheit!" will der Stadtrat nun das Leitbild einer „Stadt zum Wohlfühlen" durchsetzen, was, wenn man es einigermaßen konsequent weiterdenkt, Köthen zielsicher in den Zirkel der *Slow Cities* führen dürfte.

Dabei wären dann die Kerngedanken der Bewegung allerdings um einige wichtige Kriterien zu bereichern: Lässt sich ein „entspannteres Leben" auch im ökonomischen Abseits, also unter den Bedingungen eingeschränkter, sogar schwindender Kaufkraft führen? Welche Angebote für ein „Besserfühlen" lassen sich unterbreiten, die nicht direkt in Geldwert umzurechnen und ergo prompt zu bezahlen sind? Gibt es Aspek-

88 Vgl. Thomas Ahbe: *Arbeit hat auf Dauer nur der Gezüchtigte.* In: Freitag, Jg. 2004, Nr. 10
89 Wolfgang Engler, *Friede den Landschaften*, a.a.O. (Hervorhebung W. Kil)

te von *Wellness*, die sich auch außerhalb von Sauna und Spaßbad, z.B. im normalen Alltag von Familie, Schule, Freizeit oder Bürgerpolitik genießen lassen? In der häufiger mit dem *Mezzogiorno* verglichenen ostdeutschen Provinz wäre also der Beweis anzutreten, dass aus programmatisch verlangsamten Städten tatsächlich mehr zu machen ist als bloß wieder eine raffinierte Vermarktungsidee für die hedonistische *Upper Middle Class*.

FREIWILLIG ODER UNFREIWILLIG „ALTERNATIV"

Auf ein überraschendes Problem bei der Suche nach „entspannteren" Lebensformen hat Albrecht Göschel vom Berliner Difu-Institut aufmerksam gemacht: Da Schrumpfung ganz offensichtlich eine Folge von Problemen ist, auf die man vor Ort so gut wie keinen Einfluss mehr hat, müssten kleinteiligere ökonomische Strukturen entwickelt werden, „die der bleibenden Bevölkerung alternative Wirtschaftsformen ökonomischer Eigenleistung und Selbsthilfe ermöglichen". Auch Göschel würde hier auf ein „soziales Grundgehalt" oder andere Transfereinkommen setzen, wären nicht „bereits in den Achtzigerjahren für besonders benachteiligte Stadtteile Westdeutschlands derartige Konzepte vorgeschlagen [worden]. Ihre Realisierung scheint aber eine gewisse Affinität zu modernen, ‚alternativen' Lebensstilen vorauszusetzen, und diese sind gerade bei den Modernisierungsverlierern, die als ‚Restbevölkerung' in stark schrumpfenden Städten, Regionen oder Stadtteilen übrig bleiben, kaum zu erwarten".[90]

In diesem Verweis auf bereits früher (d.h. „im Westen") schon einmal verworfene Praktiken steckt die Weigerung, sich auf die grundsätzlich neuen Fragestellungen in peripherisierten Räumen wirklich einzulassen. So entfällt auch jede Veranlassung, mögliche neue Entwicklungspfade einer sich von Grund auf wandelnden Gesellschaft ernsthaft ins Auge zu fassen. Die von Göschel hier bezeichneten „alternativen Lebensstile" sind nämlich typisches Merkmal der Ausdifferenzierung reifer Industriegesellschaften; im Kontext wohlstandsgrundierter Debatten gelten sie als positive Option. Nun stimmt es wohl, dass im unmittelbaren Prozess der Schrumpfung „Restbevölkerungen" zu markanten Anteilen aus „Moderni-

[90] Albrecht Göschel: Schrumpfende Städte, a.a.O., S. 10

sierungsverlierern" bestehen; diesen jedoch die Fähigkeit zu alternativen Lebenspraktiken abzusprechen, klingt nicht nur aus sozialethischer Sicht herablassend, sondern verengt den Begriff *alternativ* in unzulässiger Weise: Der umfasst mehr als die *less-is-more*-Attitüde eines materiell saturierten Milieus, das existenzielle Nöte nur noch vom Hörensagen kennt.

Man kann zu alternativer Lebensgestaltung auch genötigt werden. Das dürfte jeder schnell begreifen, der nur ein wenig aufmerksam durch jene zunehmend in Einsamkeit fallenden Landschaften gleich hinter dem Berliner Speckgürtel streift, durch die Prignitz, die Uckermark, das Oderbruch, den Fläming oder den Elbe-Elster-Kreis. Unter den dort weiterhin Ausharrenden lässt sich die Entfaltung einer Lebensweise beobachten, die wohl nicht anders als „alternativ" zu nennen ist: Bunt beschilderte Kleinlastwagen, die nach uralter Marketender-Art von Dorf zu Dorf ziehen und ein Mal pro Woche den Gemischtwaren-Konsum ersetzen, welcher dem Megakaufmarkt am Rande der zuständigen Kreisstadt schon vor Jahren zum Opfer fiel. Verbissen ums Überleben kämpfende Gasthäuser, die in abgehängten Ortschaften notgedrungen ganze Sortimente des Alltagsbedarfs anbieten, Postservice und Versandhandel inklusive. Überall an den Fernstraßen, in stillgelegten Stallungen, privaten Garagen oder phantasievoll gezimmerten Verschlägen die überraschungslose Palette der Kiosk-Kultur: Zigaretten, Schokoriegel, Currywurst, Büchsenbier. Und schließlich, als einzige Gewinner im allgemeinen Niedergang des Landhandels – die Tankstellen. Sie entwickeln sich immer mehr zu Kleinkaufhäusern, vermieten Gartengeräte und Baumaschinen, bieten Versicherungspolicen und *Last-minute*-Reisen an, haben gelegentlich schon Separees für gehobenen Kaffeegenuss (unter Palmen). Vor allem jedoch: Als Jugendtreff lassen sie jede kirchliche oder sozialarbeiterische Konkurrenz weit hinter sich.

Während also in den unter Auszehrung leidenden Städten Lebensqualität unbeirrt an tradierten Urbanitätsidealen gemessen wird, gewinnt „draußen" ein Leben in der Leere bereits immer festere Konturen: Wer den großen Auswandererzug nicht schafft (oder sich ihm bewusst nicht anschließt), ist für die blindlings verheißene „europäische Stadttradition" verloren. Der stellt sich eher auf eine durchdringende

„Amerikanisierung" ein. Was mit den erstaunlich durchdachten Versorgungssystemen traditioneller Einödregionen beginnt, wird sich früher oder später prägend auf Mentalität und Sozialverhalten der auf solche Weise „Versorgten" auswirken.

Praktisch ermöglicht werden diese aus städtischer Sicht befremdlich anmutenden Lebensweisen durch eine notwendige Leidenschaft: den gerade in Problemregionen besonders ausgeprägten Auto- und Mobilitätskult. Beobachtungen wie diese werden Verfechtern „innovativer Reformprojekte" sicher Probleme bereiten, trotzdem sollte man sie nicht unterschlagen. Denn überhaupt werden Wohnfolgelandschaften, zumindest in ihrer Entstehungsphase, reichlich ungemütlich sein, und dies um so mehr, je entschiedener die Leute sich selbst überlassen werden. Nach Abwanderung der Mobilen und Ehrgeizigen bleibt ein eher glanzloses Milieu zurück, das alle Kraft für die Stabilisierung seiner bescheidenen Lebensverhältnisse braucht. Das muss weder Einfalt noch Stumpfsinn bedeuten. Man rückt zusammen, achtet auf die Einhaltung selbst gesetzter Regeln, pflegt Familiensinn und Fatalismus als Lebensweisheit. Auch bei den Freuden des Alltags bleibt man unter sich. Nur Zeugen früherer Tage werden vielleicht stutzen: Wie ausgeprägt Offenheit und Chancenfülle „moderneren" Lebens für zwei, drei Generationen selbst in tiefer Provinz auch erfahrbar waren – jetzt, nach dem Industriezeitalter, beginnt hier wieder die Verschließung.

Derart verfestigte Kreise haben es Hinzukömmlingen noch niemals leicht gemacht. Allerdings werden solche „Kraftakte der Kulturen" auch in Zukunft unvermeidbar sein, denn neben den altbekannten Aussteigern, jenen Sonderlingen, die Toleranz fordern, aber auch üben, hat die heutige Wirtschafts- und Lifestyle-Welt einen neuen Typus des Leistungsverweigerers hervorgebracht: Auch wenn sie technisch hinreichend zur Autarkie gerüstet sind (Auto, Handy, Internet), sollte man sich diese *Entrepreneurs einer neuen Selbstgenügsamkeit* durchaus von einem romantischen Impuls getragen vorstellen.

Welch vitales Naturell heutzutage der Wachstumsfrömmigkeit den Rücken kehrt, darüber kann man sich aus dem – nur auf den ersten Blick obskuren – „Manifest der Glücklichen Arbeitslosen" ausführlich Auskunft holen: „Wenn der Arbeitslose unglücklich ist, dann liegt das auch daran, dass der einzige gesellschaftliche Wert, den er kennt, die Arbeit ist. Er hat nichts mehr zu tun, er langweilt sich, er hat keine Kontakte mehr, da ja die Arbeit oft auch einzige Kontaktmöglichkeit ist." Überhaupt sei Arbeitslosigkeit bloß „ein negativ besetzter Begriff, die Kehrseite der Medaille der Arbeit. Ein Arbeitsloser ist bloß ein Arbeiter ohne Arbeit. Dabei wird über den Menschen *als Poet, als Reisender, als Suchender, als Atmender* nichts gesagt. [...] Der Glückliche Arbeitslose weiht neue gesellschaftliche Werte ein, auch wenn er nichts anderes schafft. Er entwickelt Kontakte mit einem Haufen sympathischer Menschen. Immerhin verfügen alle Arbeitslosen über eine preiswerte Sache: Zeit. Das könnte ein historisches Glück sein, die Möglichkeit, ein vernünftiges, sinn- und freudvolles Leben zu führen. Man kann unser Ziel als eine Zurückeroberung der Zeit kennzeichnen".[91]

Es muss ein Schuss subversive Romantik im Spiel sein, idealerweise ergänzt durch einen Funken Ironie. Allein aus pragmatischer, auf Leistung, Karriere und Gewinn fixierter Sicht macht das Ausharren in abwärtsdriftenden Regionen keinen Sinn.

STADTPARK, BRACHE, NEUE WILDNIS

Kehren wir noch einmal aus der freien Natur in die steinernen Städte zurück. Seit das Schrumpfungsproblem die zentralen Diskurse erobert hat, ist dort, in den Städten, eine ideologische Schlacht entbrannt: Die „Traditionalisten" scharen sich um die inneren, meist noch eng und alt bebauten Viertel und sind entschlossen, wenigstens diese gegen alle Auszehrung bis aufs Letzte zu verteidigen, als Referenz an die *große europäische Stadtkultur*. Auf der anderen Seite wollen die „Pragmatiker", abgehärtet durch ihre Auseinandersetzung mit der wuseligen und disparaten *Zwischenstadt* draußen vor den Toren, einem wohl unvermeidlichen Wandel auch des „inneren" Stadtbildes offensiv entgegen sehen; sie haben sich schnell auf den neuen Begriff der *perforierten Stadt* geeinigt, an dessen positiver Auslegung intensiv gearbeitet wird. In einem Wanderführer durch Leipzig, wo die neue urbane Typologie erstmals beschrieben und benannt wurde, heißt es dazu lapidar: „Zuviel Stadt für zu wenig Städter. [...] Vielleicht kann nun das Wer-

91 *Guillaume Paoli (Hrsg.): Mehr Zuckerbrot, weniger Peitsche. Berlin 2002 (Hervorhebung W. Kil)*

den von Landschaft in der Stadt entdeckt werden. Doch was ist das für eine Landschaft?" [92]
Die Frage rückt eine Berufsgruppe ins Rampenlicht, die bisher allzu sehr im Schatten der raumgreifend auftrumpfenden Gebäudekunst stand: Landschaftsplaner, Gärtner, Ökologen werden in Zukunft dringender denn je gebraucht, denn es gilt, die massenhaft entstehenden Brachflächen im Inneren der zunehmend „perforierten" Städte sowohl als zumutbare, aber auch finanzierbare öffentliche Räume neu zu definieren. Noch immer dominieren auf den Entwurfsplänen der Stadtumbaukonzepte die traditionellen Stereotype des so genannten „städtischen Grüns", also der tausendfach variierte Mix aus Schmuckwiesen, Spielplätzen und (neuerdings zunehmend) Mietergärten. Da öffentliche Grünflächen jedoch von den meisten Kommunen bereits jetzt nicht mehr unterhalten werden können, sind deren weiterer Ausdehnung schon rein finanziell engste Grenzen gesetzt. Mietergärten wiederum sind an den Verbleib genügend zahlreicher wie hinreichend motivierter Bewohner gebunden, was in perforierten Innenstadtlagen vielleicht gegeben sein kann, für Fälle flächenhaften Rückzugs und an Stadträndern jedoch kaum zu erwarten ist. In Schwedt, wo zum ersten Mal Flächenabrisse gewagt wurden, hatte sich recht früh gezeigt, dass es gar nicht leicht werden würde, für die Menge an aufgelassenen Versorgungsbauten und Brachflächen einen halbwegs ausreichenden Bedarf an Nach- oder wenigstens Zwischennutzungen zu finden. Infrage kommende Bedürfnisse waren schnell ausgeschöpft: „Tiergehege, Selbstversorgergärten, Driving Range, ‚Gehöfte', Abrissberge mit Aussichtstürmen? Inzwischen steht fest: Die Natur wird sich den Großteil dieses Stadtquartiers wieder zurückholen. Wald und Pflanzen werden irgendwann die ehemaligen Elfgeschosser aus dem Gedächtnis wischen." [93]
Man mag es anders erwartet haben, aber selbst bei dieser Frage zeigt sich noch ein erheblicher Bedarf an neuem Denken. „Es wird eine Freiflächenkultur entstehen müssen, die die Gestalt- und Nutzungsintensität der gewohnten städtischen Freiräume überwindet und dennoch städtebaulich wirksam ist", forderte etwa die Landschaftsarchitektin Undine Gisecke angesichts der geplanten Abräumung ganzer Straßenzüge. „Dies muss gekoppelt sein mit Überlegungen für eine ausreichende finanzielle Ausstattung in der Pflege

[92] *Atelier Latent: Wo Anne ihren ersten Kuss erhielt. Begleitbroschüre für Spaziergänge durch den Leipziger Osten. Leipzig 2002*
[93] *Ingeborg Beer: Einen kleinen Zoo und einen Schrebergarten für jeden. In: Das Parlament, Jg. 2003, Nr. 37*

142 | 143 WAS BLEIBT? NEUE LANDSCHAFTEN

und Unterhaltung, wenn der Freiraum im Rahmen des Stadtumbaus einen Beitrag zur städtischen Kultur und nicht allein zur ökologischen Anreicherung leisten soll."[94] Als skeptische Praktikerin hält Iris Reuther dem entgegen, dass „ein traditioneller und aktiver Gebrauch als Freiraum nur partiell stattfinden" wird. Da es allenthalben an Geld zur Gestaltung und Pflege mangeln wird, plädiert sie für „extensive Bewirtschaftungsformen und bescheidene Standards".[95] Auch wenn im Regierungsprogramm „Stadtumbau Ost" neben der Abrissförderung stets eine gewisse Summe für Maßnahmen im Wohnumfeld reserviert ist,[96] wird daraus allenfalls eine schlichte Erstbegrünung zu finanzieren sein; ein dauerhafter Unterhalt aufwändigerer Gestaltungen ist aus den bisher aufgelegten Förderprogrammen nicht zu gewährleisten.

Trotzdem gelten Aufforstung und natürliche Sukzession (d.h. allmähliche, „natürliche" Verwilderung), die mit Abstand kostengünstigsten Varianten, im bisherigen planerischen Konsens für innerstädtische Freiräume nach wie vor als indiskutabel. Offenbar kann unsere von westlichen Kulturbegriffen geprägte Gesellschaft vom Bild der „kontrollierten Landschaft" nicht einfach lassen. Untergründig scheinen immer noch angstbesetzte Affekte in der Naturbetrachtung nachzuwirken, denen zufolge Wildnisse bis in die Frühzeit von Industrialisierung und Verstädterung aus verständlichen Gründen „als schrecklich, hässlich und barbarisch wahrgenommen und als Ausdruck von Mangel an Zivilisation, von Armut und Rückständigkeit gewertet wurden".[97]

Nur mühsam gelingt es Protagonisten eines anderen Ansatzes, sich im Mainstream einer entweder ordnungsbetonten oder betont artifiziellen „Gartenkunst" Gehör zu verschaffen. Bertram Weißhaar vom Leipziger *Atelier Latent* etwa veranstaltet Führungen durch von Brachfall bedrohte, „unordentliche" Stadtteile, um sein Wanderpublikum für die durchaus abenteuerlichen Reize urbaner Verwilderungen zu sensibilisieren und Neugier auf noch unvertraute Bilder von „Stadtnatur" zu wecken: „Traditionell ist Landschaft stets als das Gegenüber der Stadt betrachtet worden. Beide Bilder grenzen sich voneinander ab. Doch längst ‚sprenkeln' ungezählte, vereinzelte Landschaftsinseln in die Stadt hinein, in Form von brachfallenden Industrieflächen, verlassenen Hinterhöfen oder begrünten Abrissgrundstücken. Ein Bild für diese

94 Undine Gisecke: Über Irritationen in der Freiflächenkultur. In: Deutsches Architektenblatt, Jg. 2003, Nr. 4
95 Iris Reuther, Learning from the East? a.a.O.
96 Dieser Förderanteil ist jedoch von einer Anschubfinanzierung aus dem kommunalen Etat abhängig; die Mehrzahl der praktisch bankrotten Kommunen kann deshalb gar keine Wohnumfeld-Förderung in Anspruch nehmen.
97 Eva Barlösius/Claudia Neu: Wildnis wagen? In: Berliner Debatte INITIAL, Jg. 2001, Nr. 6

‚hineingesprenkelte' Landschaft zu entdecken, ist die Intention unserer ‚spaziergangswissenschaftlichen Spaziergänge'. Wir suchen nach neuen Stadt-Landschafts-Übergängen."[98]

Seine Kollegen Katja Heinecke und Reinhard Krehl von der Leipziger Bürogemeinschaft *Niko.31* untersuchen städtische Konfigurationen, die die Arbeitswelt des 19. und 20. Jahrhunderts einst hervorgebracht und nun zurückgelassen hat: „Offene Felder, architektonisches Geschiebematerial und diffuse Landschaften, [...] aus diesem Spurenwerk zwischen Gegenwart und Vergangenheit formulieren wir mögliche Landschaften, die hinausreichen bis in eine utopische Zukunft..."[99] Die ebenfalls in Leipzig aktive Architektengruppe L 21 hat mit ihrer *Kern-Plasma-Theorie* den Versuch gewagt, von Funktionsverlust bedrohte Stadträume je nach Bedeutung und Zukunftsaussichten unterschiedlich zu behandeln – bis hin zum Planverzicht: Mitten im gründerzeitlichen Leipziger Osten wollen sie großräumige Areale zur Bewaldung freigeben.[100]

Nun darf man sich das Verwildern von Brachen nicht romantisch vorstellen. Selbst in innerstädtischen Lagen schießen auf liegengelassenen Flächen binnen kürzester Zeit nicht nur hüfthohe Gräser, sondern auch viel Gestrüpp sowie anspruchslose Pioniergehölze in die Höhe – ein Anblick, der Nachbarn und Passanten erst einmal eher in Erschrecken versetzt, als dass er Naturfreuden spendet. Wildnis muss eingeübt werden, lautet deshalb ein Plädoyer der Journalistin Anette Freytag, das sie mit zwei, vorerst noch recht seltenen Beispielen illustriert:

Auf zwei Hektar des Pariser Parks André Citroën hat der Landschaftsplaner Gilles Clément einen *Jardin en mouvement* angelegt, in dem er verschiedene Stadien der Verwilderung mit Hilfe sukzessiver, also unkontrollierter Pflanzenausbreitung für das städtische Publikum sichtbar machen wollte. Der „Erfolg" dieses gärtnerischen Experiments übertraf alle Erwartungen. Anfangs kamen vor allem Schulklassen, um in der „ungepflegten Ecke" endlich einmal unbeschwert herumtoben zu können. Die überraschend heftige Nutzung führte zu der absurden Situation, dass das „liegengelassene Stück" bald mehr von der Parkaufsicht kontrolliert werden musste, als die traditionell aufwändig gestalteten Flächen.[101]

---

[98] Atelier Latent, a.a.O.
[99] Katja Heinecke, Reinhard Krehl: Villa Hamilton. www.landschaften-2003.de
[100] Vgl. Kooperatives Gutachterverfahren „Visionen für den Leipziger Osten", 2000, OPERATION PHOENIX, Wettbewerbsbeitrag der Gruppe L 21
[101] Anette Freytag: Bereit für die Brache? a.a.O., S. 142

Einen etwas anderen Weg beschritt der Darmstädter Landschaftsplaner Jörg Dettmar bei seinem Projekt „Industriewald Zeche Zollverein" in Essen. Auch er riskierte auf dem historischen Fabrikgelände mit Sukzessionsflächen die Wildnis, doch wurde von Anfang an versucht, Vandalismus und Vermüllung durch gestalterische Eingriffe vorzubeugen. Solche „pflegende Entwicklung" der Brachflächen wird von Förstern gewährleistet, die als städtische Angestellte inzwischen für mehr als 200 Hektar „Industriewald" zuständig sind. „Die Flächen des Projekts werden nicht als Erholungswald ausgewiesen, sondern als ganz normaler Produktionswald. Produziert wird nicht Holz, sondern Wildnis."[102]

ABSCHIED VOM PRINZIP „ELLENBOGEN"

Lassen sich für innerstädtische Brachflächen wenigstens Ansätze für unkonventionelle Wege der Auseinandersetzung vermelden, so sind für den extremsten Fall, die Aufgabe ganzer Siedlungsbereiche, entsprechend neue Modelle und Strategien überhaupt erst noch zu entwickeln. Wie eine verträgliche, d.h. friedliche und einvernehmliche Konversion von der besiedelten zur Wohnfolgelandschaft aussehen könnte, dafür gibt es in der neuzeitlichen Planungsgeschichte kaum Erfahrungen, aber jede Menge praktische Hindernisse und mentale Blockaden.

So war der unter allen Vorbildern wohl vergleichbarste Vorgang – die Absiedlung von Braunkohle-Abbauflächen, die von 1924 bis 1989 allein in der Lausitz 71 Dörfer vom Erdboden verschwinden ließ – aus verschiedenerlei Gründen zu DDR-Zeiten heftig umstritten; auch dessen heutige Fortsetzung gilt, trotz grundsätzlich positiver Darstellung durch Politik und Medien, wohl eher als Schreckbild aktiver Siedlungspolitik. Schon bei der nächst fälligen Krisensituation ließ sich darauf mit Argumenten nicht mehr zurückgreifen, wie die Kapitulation der Behörden nach den Flutkatastrophen der letzten Jahre zeigte: Die *Thälmannsiedlung* südlich von Frankfurt (Oder), deren Häuser 1999 wochenlang bis an die Dachkante versunken waren und sich im Oder-Wasser teilweise regelrecht aufgelöst hatten, wurde noch im selben Jahr an Ort und Stelle wieder aufgebaut. Eine planmäßige Absiedlung der Ziltendorfer Niede-

[102] *Jörg Dettmar: Alternative Wildnis. In: Garten und Landschaft, Jg. 2002, Nr. 5*

146 | 147 WAS BLEIBT? NEUE LANDSCHAFTEN

rung sei, so die Potsdamer Landesregierung, „politisch nicht durchsetzbar" gewesen. Drei Jahre später waren in den schwer betroffenen Gebieten an Elbe und Mulde etliche Flutopfer zwar entschlossen, jene Ämter zu verklagen, die sie nicht am Bauen in den Polderflächen gehindert hatten *(sic!)*; zu einem Wegzug aus der gefährdeten Gegend waren sie jedoch – wenn überhaupt – erst durch das staatliche Sonderangebot einer Hundertprozent-Entschädigung zu bewegen: Sie wurden regelrecht „rausgekauft". Ob die öffentliche Hand aber dauerhaft in der Lage sein wird, Regulierungskompetenz mit dem Scheckbuch durchzusetzen? Wahrscheinlich wird man auf den kühlen Pragmatismus der Versicherungen warten müssen: Eher früher als später werden die einfach die riskanten Verträge kündigen. Wer dann immer noch bleibt, muss von geeigneter Statur sein, denn er wird in der Not sich allenfalls noch selber helfen können.

Es ist abzusehen, dass bei der planmäßigen Neuordnung und gegebenenfalls Aufgabe ganzer Siedlungseinheiten sich all jene Rivalitäten wiederholen werden, die man schon von den Konflikten um die Abrisse städtischer Wohnungen kennt. Auch als Ganzes betroffene Kommunen, egal welcher Größe, werden im Konfliktfall genauso reagieren wie die um ihr Überleben konkurrierenden Wohnungsunternehmen: Jeder ist sich selbst der Nächste. Warum sollten sie auch plötzlich auf Kooperation setzen, wenn ihnen zur Krisenüberwindung bislang doch nur ein einziges Instrument gepredigt worden war: die *Standortkonkurrenz*. Jener unselige Wettlauf, bei dem lauter Kandidaten mit schlechten Ausgangsbedingungen einander gegenseitig in spekulative Risikoplanungen treiben, um anschließend mit hoher Wahrscheinlichkeit allesamt auf hohen Schulden sitzen zu bleiben, führt jedoch genau entgegen der Richtung, die besorgte Praktiker wie Wulf Eichstädt als unverzichtbare Überlebensstrategie angeraten hatten: Konkurrenz bändigen, Lasten gerecht verteilen.

Aber vielleicht ist es am Ende ja doch das Sein, welches das Bewusstsein bestimmt. Zum Wettbewerb „Stadtumbau Ost" des Bundesbauministeriums 2002 traten zum ersten Mal drei Städte nicht als Konkurrenten, sondern mit einem *kooperativen* Entwicklungsplan an: Ueckermünde, Torgelow und Eggesin.

Die Schlusslichter auf der Sorgenskala der Schweriner Landesregierung hatten sich zu einer Entwicklungs- und wohl auch Schicksalsgemeinschaft namens „U.T.E." zusammengetan. Abwanderungsquoten, die mit ca. 25 Prozent weit über Landesdurchschnitt liegen, und Arbeitslosenzahlen, die mit offiziellen 24,9 Prozent deutschlandweit zu den Spitzenwerten zählen, ließen den drei Bürgermeistern keine andere Wahl. Sie sind entschlossen, die gemeinsame Krise auch gemeinsam durchzustehen.

Man begann mit einer Neubesinnung auf seine bislang weitgehend ignorierte Lage – nämlich ganz nahe zur jetzt durchlässigeren Grenze nach Polen: War das etwa keine Standortgunst? Dann wurden erst einmal die Bemühungen zum Erhalt des Bahnanschlusses gebündelt und die Flächenpolitik für immer noch erhoffte Gewerbeansiedlungen koordiniert. Durch kluge Verteilung verbleibender Infrastruktur (Schulen, Kitas, Sparkasse usw.) sollen sich Nachfragepotenziale addieren, die in jedem Einzelstädtchen allein keine der Einrichtungen mehr tragen würden. Auf diese Weise Probleme gemeinsam, anstatt auf Kosten anderer zu lösen, davon erhofft man sich als Stabilisierungsfaktor eine neuartige Regionalidentität, „die jeden einzelnen Ort wertschätzt und die Leitthemen für die Zukunft gemeinsam bestimmt". [103] Für den Fall, dass die Stabilisierung des Dreierbundes misslingt, haben sich die beteiligten Kommunen schließlich die Option der „Selbstaufgabe", d.h. des freiwilligen Aufgehens in einer großflächigen Verwaltungseinheit offengehalten.

War die Botschaft von der heilbringenden Standortkonkurrenz dort, im entlegensten Ostvorpommern, noch nicht angekommen? Oder waren die nach Abzug ihrer Garnisonen ins ökonomische Nichts gestürzten Kommunen einfach nur realistisch genug, sich ihre Chancen bei dem normalerweise anempfohlenen Spiel von vornherein auszurechnen? Der im Planungsdogma vom „Wachstum durch Wettstreit" zum Programm erhobene Verzicht auf Lastengerechtigkeit führt ganz unten, also bei denen, die nichts mehr zuzusetzen haben, zu einem Hasard um alles oder nichts. Wo alle mit dem Rücken an der Wand stehen, verkommt, mit den Worten von Simone Hain, die allseits gepriesene Standortkonkurrenz zum verzweifelten „Standortkannibalismus".

103 Elke Pahl-Weber: Stadtmauern im Kopf abreißen – das REK U.T.E. In: Renate Fritz-Haendeler/Bärbel Möller (Hrsg.): Politikfeld Baukultur. Potsdam (MSWV) 2003, S. 111

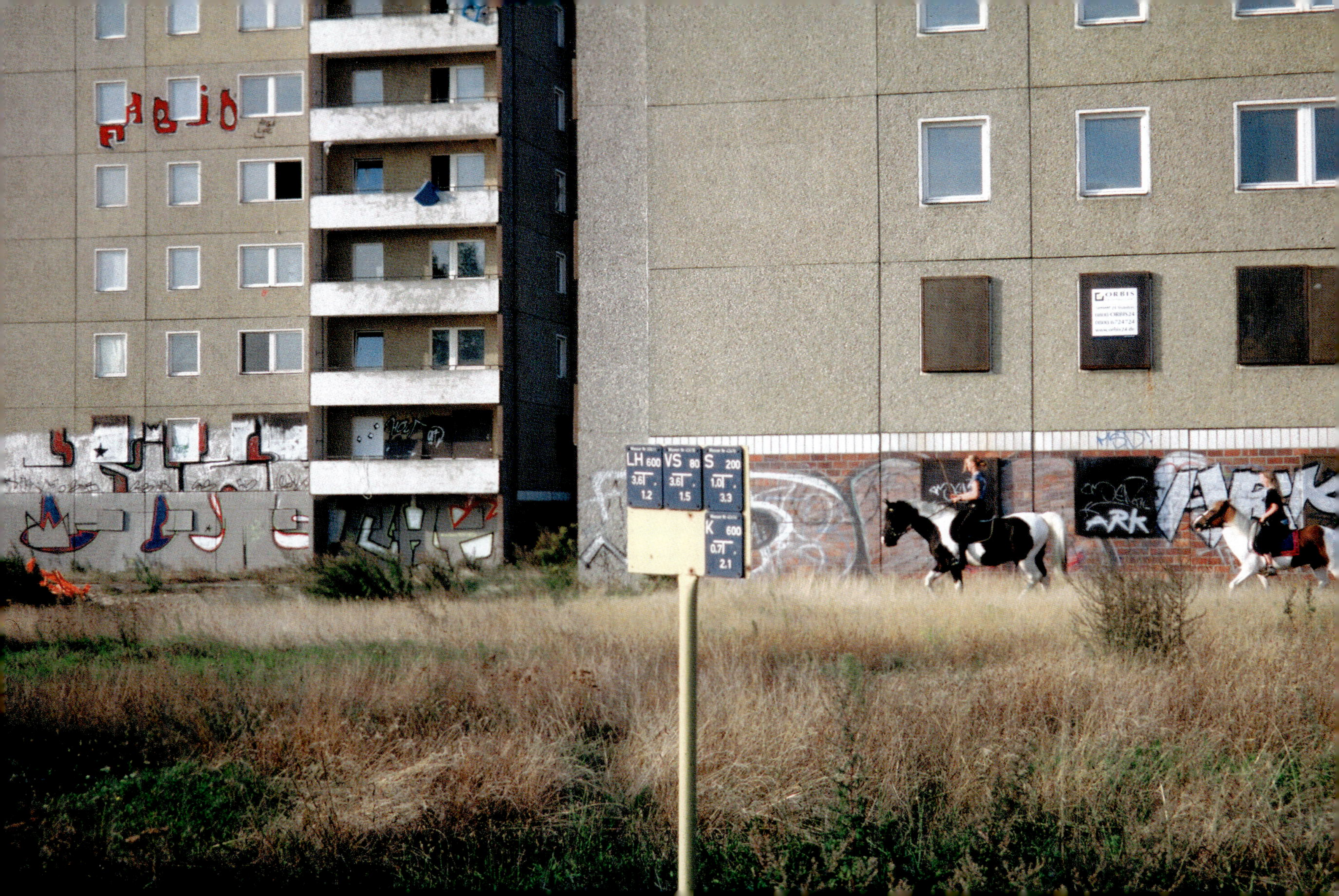
LH 600 3.6 1.2
VS 80 3.6 1.5
S 200 1.0 3.3
K 600 0.7 2.1
ORBIS

DISPARATE RÄUME – NEW TERRITORIES

„Gehwege nach DIN-Norm, aber kaum noch Einwohner. Aufwendige Haltestellen ohne Buslinien. Gewerbegebiete als beleuchtete Schafweiden." Nach Meinung des Wirtschaftsjournalisten Hans Thie hat nichts der ostdeutschen Entwicklung in den zurückliegenden Jahren so sehr geschadet wie die „bedingungslose Anwendung des bundesdeutschen Rechts- und Ordnungsrahmens, die nahezu jedes kreative Experiment verhinderte."[104] Diese Analyse hat es schwer, in einer breiteren Öffentlichkeit Akzeptanz zu finden, denn um viele, vor allem regional wirkende Schrumpfungsprobleme offensiv als Fantasie forderndes *politisches* Projekt anzugehen, hat sich ein Hinderungsgrund bislang als besonders hartnäckig erwiesen – das im deutschen Grundgesetz fixierte Gebot zur Gewährleistung gleicher Lebensbedingungen im ganzen Land. Bis in welche Tiefen des herrschenden Gesellschaftsbildes dieser ursprünglich begrüßenswerte Vorsatz seit Generationen eingelagert wurde, zeigt das hochgradig schlechte Gewissen, mit dem Planer gelegentlich einräumen, welche Standards für so genannte „Regionen im Hinterland" schon jetzt nicht mehr einzuhalten sind: „Damit greifen wir in das Wertesystem von Lebensbedingungen ein und stellen möglicherweise einen der Grundsätze unserer Zivilisation auf den Kopf."[105]

Die gute Absicht sei erkannt, doch mit Verlaub: Irgendwann wirkt übertriebene Unschuld auch kokett. Stellt eine crashartige Deindustrialisierung mit nachfolgender Dauerarbeitslosigkeit bis stellenweise 40 Prozent etwa keinen Eingriff in herrschende Lebensbedingungen und Wertesysteme dar? Und gehört Disparität der Verhältnisse nicht längst zur Alltagserfahrung? Was im traditionellen Nord-Süd-Gefälle der alten Bundesrepublik einst sanften, aber unaufhaltsamen Anfang nahm, erhielt seit der Vereinigung im Ost-West-Kontrast immer schroffere Kontur. Nun, da zur Milderung sich weiterhin verschärfender Ungleichheiten weder Bereitschaft noch ausreichende Mittel vorhanden sind, bleibt eigentlich nur die Flucht nach vorn: die Zuerkennung praktischer Sonderkonditionen. Warum nicht *Disparität als Chance*?

Doch bitte diesmal als Chance für die eigentlich Betroffenen. Denn Versuche, die strukturschwachen ostdeutschen Länder aus dem Gleichheitsgebot herauszumanövrieren, gab und gibt es beinahe ohne Un-

[104] Hans Thie: Im Planetarium Ost. In: Freitag, Jg. 2003, Nr. 40
[105] Elke Pahl-Weber/Ralf Gottschalk: Über das Schrumpfen hinauswachsen. In: polis, Jg. 2003, Nr. 3

I

terlass. Allerdings haben bisherige Deregulierungsansätze und Öffnungsklauseln namentlich im Feld von Arbeits- und Sozialrecht hauptsächlich eines im Visier – die Niedriglohnregion – und nur ein Motiv: gewerbliche Produzenten anzulocken. Unter den anwesenden Bewohnern hat diese Art von Besonderheit eher zu wachsender Unbeliebtheit ihrer Orte und zu weiterer Abwanderungslust beigetragen.

Wie also könnten *regionale Privilegien* sonst noch beschaffen sein, um das Ansehen einer Gegend zu stärken und so die Lust zum Bleiben anzuregen? Vielleicht sollten hier zusätzliche Freiheiten winken? Eine Frage, der jeder einmal entsprechend seinen ganz persönlichen Freiheitsbedürfnissen nachgehen darf: Halbierung der Mehrwertsteuer? Kabelanschluss und Internet frei Haus? Öffentlicher Nahverkehr zum Nulltarif? Kneipen ohne Polizeistunde? Angeln ohne Angelschein? Auch „negative Freiheiten" können attraktiv sein, also Auflagen und Restriktionen, für deren Einhaltung sich dann „Belohnungen" maßschneidern ließen: Öko-Regionen, in denen nur noch Passivhäuser genehmigt und Autos mit Biodieselantrieb (aus heimischem Anbau) zugelassen würden, während Haushalte, analog dem Prinzip der Emissionszertifikate, für nachgewiesenen Einsatz erneuerbarer Energien Steuernachlässe oder Prämien kassieren. Oder wie steht es mit dem besseren Leben an sich? In deklarierten Experimentierzonen könnten alle möglichen Versuche selbstbestimmten Zusammenlebens und Wirtschaftens (Kooperativen, Tauschringe, lokales Geld usw.) mehr als nur geduldet, nämlich förderpolitisch wohlwollend begleitet werden. Und da in immer dünner besiedelten Landesteilen die herkömmlichen Strukturen lokaler Politik und Verwaltung sich irgendwann selbst infrage stellen, sind neue Wege der Interessenregulierung (nach innen) wie Interessenvertretung (nach außen) zu entwickeln – welche Chance, mit vorerst noch relativ Wenigen, aber Freiwilligen sich endlich einmal in direkter Demokratie zu üben!

Ob und wann es auch in Deutschland steuerlich oder anderweitig privilegierte Sonderzonen braucht, dürfte am Ende weniger von der Einsicht klientelverpflichteter Bundespolitiker, als vielmehr von ökonomischer Vernunft abhängen. Leider hatte auch die Anfang 2004 von der „Dohnany-Kommission" angestoßene Diskussion über einen Sonderstatus der ostdeutschen Länder keine wirklichen Gesellschaftsalternativen, sondern wieder nur wachstumsfixierte Aufholprozesse im Blick.[106] Bleibt also tatsächlich nur die Hoffnung auf eine radikale Regionalisierung im vereinten Europa?

LAND DER FREIEN

Nichts scheint leichter, als sich entleerte Landschaften und einsame Weiler in ihren annehmlichen Lebensqualitäten vorzustellen – jeder, der im Urlaub anderen Spuren als den Trampelpfaden des Massentourismus folgt, landet früher oder später in einer stillen Gegend. Nicht nur Besucher, auch die daselbst dauerhaft ansässigen Bewohner werden selten den Eindruck von Unzufriedenheit erwecken; sie halten es dort aus – weil ihnen niemand das Weggehen verwehrt. Dieser Einklang mit den Verhältnissen ist im Konfliktfall auch enorm belastbar, sein Geheimnis lautet ganz einfach: *freiwillig*.

Nach allem, was bislang zu den Themen „soziale Sicherheit" und „Transfergesellschaft" entwickelt wurde, steht fest: *Freiwilligkeit* entsteht nur, wo keine Not ist. Die Wahl eines Ortes muss man sich leisten können. Solange sie von schieren Existenzsorgen diktiert wird, kann von freiem Willen keine Rede sein. Sobald jedoch für die Grundsicherung einer menschenwürdigen Existenz Lösungen gefunden sind, lässt sich die Alternative „Gehen oder Bleiben" nach Temperament und individuellem Lebensplan entscheiden: Wer die weite Welt mit ihren Abenteuern und Zeitgeistern sucht, der geht; wer Halt in überschaubaren Verhältnissen braucht, der bleibt. Die jeweiligen Konditionen sind bekannt, hier wie da. Im Zeitalter von Information und Mobilität müssen auch jenseits des *Metropolitan Corridor* nicht, wie Karl Schlögel unterstellt, „der Neid und die Wut der Zurückgebliebenen und Zukurzgekommenen" sich stauen. Genau davor soll das *Prinzip Freiwilligkeit* ja bewahren, dass sich keiner als zurückgeblieben und zu kurz gekommen, weil an souveräner Entscheidung gehindert sieht. Als „Land der Freien" ist jedes Land schön.

Nicht so sehr die möglichen Endzustände nachindustrieller und für neuen Gebrauch erschlossener Räume erscheinen also problematisch, sondern der Übergang dahin. Der ist es, den wir derzeit im Osten Deutschlands wie einen gewaltigen Mahlstrom erleben, weil hier „der Ausstieg aus dem Maschinenzeit-

[106] Vgl.: Tabuzone Ost. In: DER SPIEGEL, Jg. 2004, Nr. 15

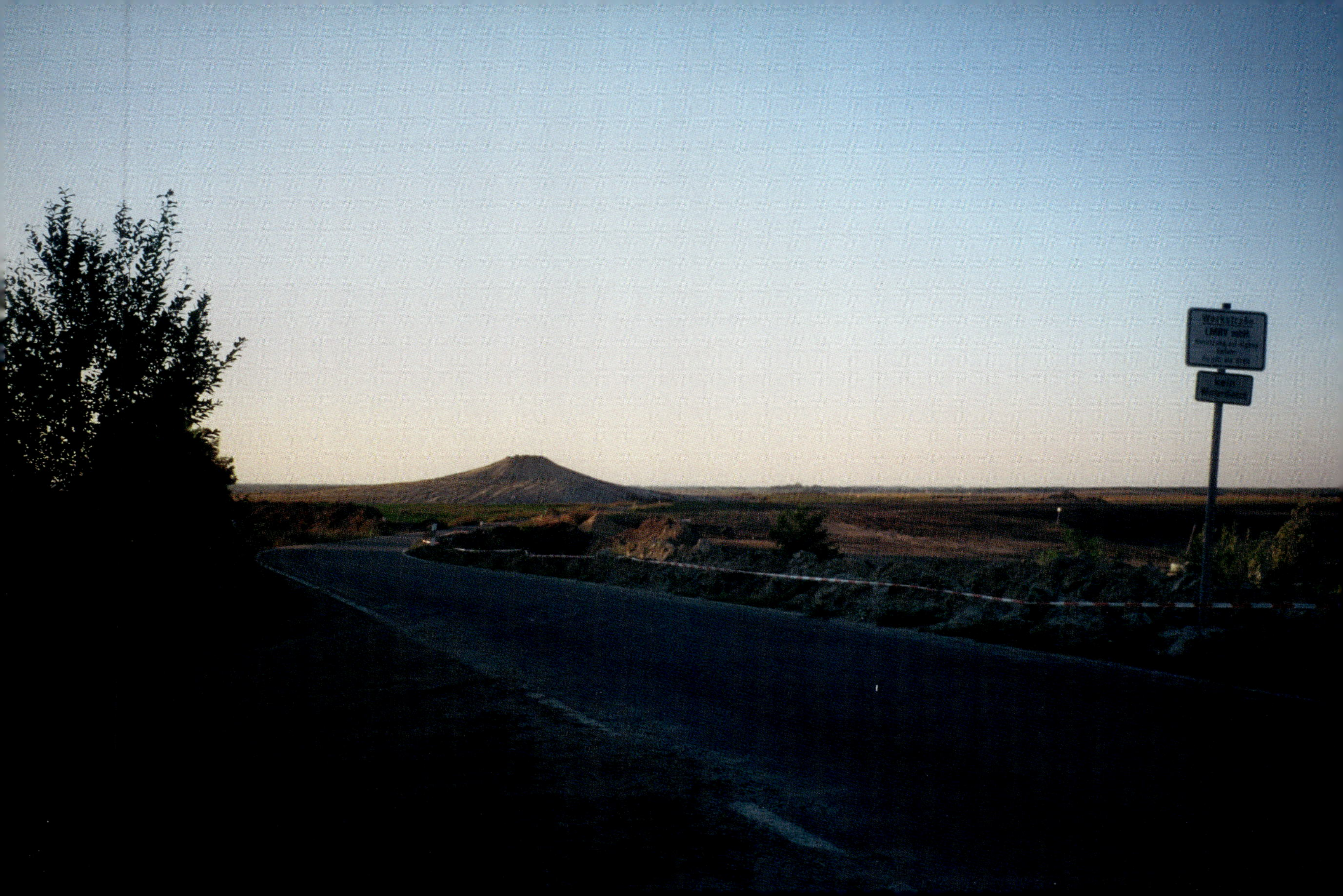

alter buchstäblich durch jede Seele geht" (Harald Kegler). Oft genug unvorbereitet, sehen sich die Menschen gezwungen, ihre Lebensplanung auf die aus allen Fugen geratenen Verhältnisse immer wieder neu einzustellen. Und viele stehen vor Entscheidungen, für die sie schon zu alt oder anderweitig schlecht gerüstet sind, zumal unter dem Druck unsicherer oder ungenügender Einkommen, so dass die Zahl von „Zurückbleibenden und Zukurzgekommenen" tatsächlich wächst.

Weil allenthalben Angst vor dem Absturz, dem Zurückbleiben, dem Aussortiertwerden, also *Unfreiwilligkeiten* schärfsten Ausmaßes regieren, erscheint uns der unvermeidliche Wandlungsprozess am Ende der Epoche nicht als Chance, nicht als Öffnung in neue Räume und Verhältnisse, sondern wir erleben den Übergang individuell als Zumutung, gesellschaftlich als Krise. Die riesige Zahl betroffener Existenzen zwingt in der Tat, von Krise zu reden, und die wird sich noch vertiefen unter einem Leitbild, laut dem „Arbeit das Medium der gesellschaftlichen Integration und das Mittel gesellschaftlicher Teilhabe ist, weil daran soziale Anerkennung und soziale Sicherung hängen."[107] Dieses Leitbild weiterhin zu propagieren, ist pure Realitätsverweigerung. Kreatives Krisenmanagement muss eben dort ansetzen: Nichts wird dringender, als gesellschaftliche Anerkennung und soziale Sicherung von ihrer ausschließlichen Bindung an (Erwerbs-)Arbeit zu befreien. Es gibt von diesem „Integrationsmedium" einfach nicht mehr genug.

Solange eine Neuverortung von sozialer Integration und Existenzsicherung nicht gelingt, werden die inneren Peripherien weiter leer laufen bis zur Verödung, mit allen Risiken der Verwilderung – wobei da nicht so sehr an die Vegetation, vielmehr an die sozialen Zustände gedacht sein soll. Sobald aber das *Prinzip Freiwilligkeit* zur Geltung kommt, könnte aus der Verbannungszone das Abenteuerland werden, wo außer Gehen oder Bleiben mit einem Dritten fest zu rechnen ist: Es werden auch Leute hierher kommen, Neugierige, Tatendurstige, die „Zonen mit utopischem Potenzial" suchen für „soziale und gestalterische Experimente im Sichtschatten unserer kontrollierten Welt, wo Bauen und Lebenspraxis häufig noch eins sind. Wo Lebensräume durch Gebrauch und nicht durch Eigentum definiert werden. In diesem Sinn sind sie Raum für ein nicht entfremdetes Leben".[108]

[107] *Wolfgang Thierse, Die Sozialdemokratie muß dem Mainstream widerstehen... a.a.O.*
[108] *Boris Sieverts: Vom Reichtum des Informellen. In: Deutsche Bauzeitung, Jg. 2003, Nr. 7*

Spätestens dann, wenn sich der Neuwert der liegen gelassenen Ländereien nicht nur als leicht abzuschirmendes Auto-, *Genfood*- oder Waffentestgelände, sondern als offenes Gesellschaftslabor herumgesprochen hat, wird auch jenes Bedrohungsszenario hinfällig, unter dem skeptische Soziologen derzeit noch vor „Räumen der Ahnungslosigkeit in einer expandierenden Wissensgesellschaft" warnen. Im Gegenteil: Unter den technisch versierten wie auch sonst rundum lebenstüchtigen „Sondeuren im Abenteuerland" dürften viele sein, die den „Ahnungslosen" im Hamsterrad der Globalisierung in entscheidenden Zukunftsfragen um mehr als eine Nasenlänge voraus sind.

LUXUS DER LEERE

Sollte mit dem Zugeständnis offenkundig disparater Räume und Lebensverhältnisse der Sprung über den eigenen Schatten, sollte also Neues Denken tatsächlich gelingen, könnte das so lange Unaussprechliche, dieses Herausfallen ganzer Landesteile aus den ökonomischen Verwertungszyklen, vielleicht einmal in einem anderen Lichte erscheinen: „Warum in den nicht mehr systemisch integrierten Räumen, in den anderen, den ‚anachronen' Zyklen nicht neuen Sinn entdecken, Lebensqualität und Abenteuer? Sollte man den Scouts und Pionieren, die dort im retardierenden Zukunftsland an den inneren Peripherien auf die ‚Rückkehr der Wölfe' warten, nicht jede Art von Anreizen geben, die Auflassungsarbeiten im Interesse des Weltklimas auf das Gewissenhafteste zu übernehmen?" [109]

Da würde sie dann endlich schlagen, die Stunde der Geduldigen, die beim Thema Rückbau sich nicht dem scheinbar Notwendigen beugen, sondern die Chance zum Experimentieren freudig ergreifen, weil sie, statt überall leere Häuser und Brachen, lauter unerschlossene Möglichkeitsräume sehen. Die Stunde derer, die am ehesten bereit sind, „Neue Länder" tatsächlich als *Neuland* zu denken.

Oder wenigstens als Grauzonen, deren weniger übersichtliche Verhältnisse allerhand Vorteile bieten: Der Einzelne hat mehr Verantwortung zu tragen, gewinnt dafür aber Entscheidungsspielraum. Die Kreativen fühlen sich dort erst richtig wohl, und in der Not wachsen sogar mancher Verwaltung Flügel: Für die Kunst-

[109] *Simone Hain, zit. in: Wolfgang Engler/Wolfgang Kil: Überflüssige Städte? Schrumpfung als gesellschaftlicher Prozess und kulturelle Herausforderung. Ein Tagungskonzept, 2001 (unveröff.)*

aktionen in Halle-Neustadt wie für das „Forster Tuch" wurden Mittel der Städtebauförderung eingesetzt, die Stadtforen von Hoyerswerda hat die Bundeskulturstiftung finanziert. In Stendal gibt es Pläne, mit den bewilligten Abrissgeldern leere Plattenbauten in einen Solarpark zu verwandeln – erst wenn solche Ideen Schule machen, dürfen die Gelder des Förderprogramms *Stadtumbau Ost* tatsächlich „Investitionen" heißen. An einigen Orten haben Vereine und Existenzgründer abgeschriebene Kita- und Schulgebäude übernommen – mehr oder weniger zum Nulltarif. Der Phantasie sind keine Grenzen gesetzt. Wenn es sich erst einmal einbürgert, wertlos gewordene Häuser und Ländereien lieber an mittellose, aber tatenlustige Interessenten zu verschenken, als am Ende Strafsteuern für ungenutzte Immobilien zu zahlen, würde das völlig verstockte und deshalb kontraproduktive Besitzdenken hierzulande vielleicht endlich zum Tanzen gebracht.

„Für extensive Räume gilt, dass Bodenwerte und Regelungsdichte niedriger sein können als in hochverdichteten Räumen. So können Freiräume und Milieus entstehen, die die Risikobereitschaft für das ideologiefreie Aufgreifen von Tabuthemen erlauben (z.B. Müllverarbeitung, Hanfanbau, Verschenken von Land etc.) und die attraktiv sind für Menschen mit alternativen Lebensentwürfen." [110] So klingen Überlegungen, die ohne Umschweife von *New Territories* ausgehen, wo nicht mehr Anleger hektisch nach Renditen für ihre flottierenden Kapitale suchen, sondern eine experimentierfreudige Minderheit sich den Zukunftsfragen am Ende des Industriezeitalters lebenspraktisch stellt – nach Kräften und im wohlverstandenen Eigeninteresse vom mehrheitlichen Rest unterstützt. Was bedeuten würde – selbstverständlich alimentiert. An dieser Stelle nur keine Bescheidenheit: Warum den Scouts im nachindustriellen Neuland verwehren, was seit Jahrzehnten jedem Bauern Westeuropas zusteht, der nach Maßgabe übergeordneter Interessen seinen Acker *nicht* bestellt: eine „Stilllegungsprämie"!

Der materielle Boden für solche Initiativen und Aktivitäten, die generelle Subventionsbereitschaft einer immer noch enorm erfolgreichen Volkswirtschaft, würde auf Dauer wahrscheinlich ein schwankender sein. Weshalb es sich auch an dieser Stelle noch einmal dringend empfiehlt, die herrschende Werteskala neu zu justieren und, entgegen den derzeit bevorzugten Konkurrenzstrategien, die Prinzipien von Solidarität

110 Inken Baller, Heinz Nagler: Ausblick. In: Neue Medien – Der Raum und die Grenzen. Städtebauliches Modellprojekt und Ideenwettbewerb 1998/99 für die Region Niederlausitz. Dokumentation, hrsg. vom Kulturkreis der deutschen Wirtschaft im BDI, o.O., 2000

und Lastenausgleich zu stärken. Warum etwa sollte der BMW-Konzern das vertraglich geforderte Ersatzgrün für sein neues Werksgelände an der Leipziger Peripherie nicht als Bürgerpark auf den Brachen von Plagwitz ableisten, auf jenen Innenstadtflächen also, deren urbane Verödung der Preis für die Randwanderung der modernen Produktionsanlagen ist? Mit dieser Frage hatten KARO-Architekten [111] auf lokaler Ebene (vergeblich) auf das entwicklungspolitische „Verursacherprinzip" anzuspielen versucht. Doch das findet ja selbst in den föderalen Ebenen kaum Anerkennung: Es versteht sich eben nicht von selbst, dass die Nutznießer des allseits beklagten *Brain drains* – die prosperierenden Ballungszentren im Süden und Westen der Republik – sich für die „Bereitstellung" all der Heerscharen von Begabten und Qualifizierten bei den östlichen Herkunftsregionen erkenntlich zeigen; selbst der gesetzliche Länderfinanzausgleich wird gerade von den solventesten Bundesländern immer wieder infrage gestellt.

„Patenschaft der Räume" – unter dieses schöne Motto hatten die Leipziger Architekten ihre Idee gestellt und damit ein Bild gefunden, das unmittelbar anschaulich macht, wie sehr alles Wohl und Wehe der im Epochenwandel zurückbleibenden Flächen und Räume von einer Perspektive gemeinsamer Verantwortung abhängt. Ungeteilte Verantwortung für eine Stadt, eine Region, ein Land, einen Kontinent. Die Lage ist so ernst wie lange nicht. Doch vielleicht sollte man, um den Rückzug aus der Wachstumswelt als produktives Gesellschaftsprojekt zu etablieren, die Argumentation einfach umdrehen: Nicht immer nur über die Kosten und Verluste sprechen, die die vom Umbruch besonders drangsalierten Orte und Landschaften unentwegt verbuchen, sondern auch einmal Freude über das „Mehr" wecken, über den freien Raum, der hier schließlich zu gewinnen ist: Freiraum für Ideen, die dringender denn je gebraucht werden, aber auch für neue Akteure, die auf solche noch nie dagewesene Gelegenheit nur gewartet haben.

Und so könnte am Ende der Abschied von einer Epoche endlich die Wendung ins Positive finden: Die vom Industriezeitalter entlassenen Ländereien als Paradiese für Gärtner und Bastler, für Denker und Träumer und Forscher und Genießer. Für die Kundschafter einer völlig neuen Lebensweise. Wäre das eine wirklich so erschreckende Vision?

111 *KARO-Architekten: Beitrag zum Realisierungswettbewerb BMW-Werk Leipzig Zentralgebäude, 1. Phase, Leipzig 2002 (unveröff.)*

158 | 159 WAS BLEIBT? NEUE LANDSCHAFTEN

WOLFGANG KIL

Geboren 1948 in Berlin
1967-72 Architekturstudium in Weimar, danach Arbeit als Architekt in Ostberlin
1978-82 Chefredakteur der Zeitschrift Farbe und Raum
anschließend freiberuflicher Kritiker und Publizist,
1992-94 Redakteur bei der Bauwelt (Berlin), seither wieder freiberuflich tätig.
Lebt in Berlin

1993 und 2001 Journalistenpreis der Bundesarchitektenkammer
1997 Kritikerpreis des BDA (Bund Deutscher Architekten)
2002 Journalistenpreis des Märkischen Presse- und Wirtschaftsclubs

BISHERIGE BÜCHER

Hinterlassenschaft und Neubeginn. Leipzig 1989
Land ohne Übergang (mit Fotos von Joachim Richau). Berlin 1992
Gründerparadiese. Vom Bauen in Zeiten des Übergangs. Berlin 2000
Neue Landschaft. Sachsen (Hrsg.). Dresden 2001
Werksiedlungen – Wohnform des Industriezeitalters (mit Fotos von Gerhard Zwickert). Dresden 2003